穿行社会

出租车上的社会学故事

[德]亚明·那塞希 —— 著　　许家绍 —— 译

MIT DEM
TAXI
DURCH DIE
GESELLSCHAFT
SOZIOLOGISCHE
STORYS

Armin Nassehi

著作权合同登记号　图字：01-2018-3213

图书在版编目（CIP）数据

穿行社会：出租车上的社会学故事 /（德）亚明·那塞希著；许家绍译. -- 北京：北京大学出版社，2019.1
（培文通识大讲堂）
ISBN 978-7-301-30032-9

Ⅰ. ①穿… Ⅱ. ①亚… ②许… Ⅲ. ①社会学 Ⅳ. ① C91

中国版本图书馆 CIP 数据核字 (2018) 第 255705 号

Mit dem Taxi durch die Gesellschaft by Armin Nassehi
Copyright © 2010 by Murmann Publishers, Hamburg
All rights reserved. No part of this book may be used or reproduced in any manner whatever without written permission except in the case of brief quotations embodied in critical articles or reviews.
Chinese Translation Copyright © 2018 by Peking University Press.
Chinese edition is published by arrangement with Murmann Publishers.
本书中文简体字翻译版由 Murmann Publishers 授权北京大学出版社独家出版发行。

书　　　名	穿行社会：出租车上的社会学故事 CHUANXING SHEHUI : CHUZUCHESHANG DE SHEHUIXUE GUSHI
著作责任者	[德] 亚明·那塞希 著　　许家绍 译
责任编辑	徐文宁　于海冰
标准书号	ISBN 978-7-301-30032-9
出版发行	北京大学出版社
地　　　址	北京市海淀区成府路 205 号　100871
网　　　址	http://www.pup.cn　　新浪微博：@北京大学出版社　@培文图书
电子信箱	pkupw@qq.com
电　　　话	邮购部 010-62752015　发行部 010-62750672　编辑部 010-62750112
印 刷 者	天津联城印刷有限公司
经 销 者	新华书店
	787 毫米 ×1092 毫米　32 开本　7.5 印张　130 千字 2019 年 1 月第 1 版　2019 年 1 月第 1 次印刷
定　　　价	58.00 元（精装）

未经许可，不得以任何方式复制或抄袭本书之部分或全部内容。
版权所有，侵权必究
举报电话：010-62752024　电子信箱：fd@pup.pku.edu.cn
图书如有印装质量问题，请与出版部联系，电话：010-62756370

目 录

序 言 I

第一章 角度：为什么我们眼中的世界是如此不同 1

第二章 陌生：为什么我们之间的距离是一种关键资源 33

第三章 意志：为什么我们可以在个体与社会的夹缝中

　　　　游刃有余 54

第四章 缺席：为什么一场小型开幕酒会可以折射出

　　　　整个社会 79

第五章 决定：为什么我们需要相信无知 107

第六章 改变：为什么社会如此难以改变 125

第七章 技能：为什么精英的世界必须与众不同 157

第八章 危机：为什么社会总是处于紧急状态 177

第九章 倍增：为什么世界要归结于我们的描述 203

第十章 出口：书中之书 223

序　言

在本书中，我会一路奔波（打出租，乘飞机，坐火车、地铁和游船），穿行于各种场所，参加会议，出席开幕式，前往医院，参观博物馆等。就连本书的写作也不只是在家中伏案完成。在途中，在托斯卡纳马雷玛沼泽附近的梯田边，在韦西里亚稍稍偏北的一家旅馆中，我都会见机写作。书中有些章节其实是在乘车或乘机过程中完成的，有半章甚至是在一个候机厅里写就的。

沿途你会看到什么？即便斗室内也会移步换景。就空间而言，若要下个定义的话，只不过就是不同事物的同时性。在社会空间中，我们总是会看到不同的事物，这就是社会令人兴奋之处，它由不同情境构成，而这些情境之间又有着这样或那样的关联。借用"出租车"这一隐喻可谓再合适不过，因为它并不仅仅是一个隐喻。出租车周游各处，置身车内，人们就开始了现代性的体验：遇见不同。在出租车内，沟通的门槛很低（众所周知，司机与乘客之间的关系极为简单），这也就使得交流变得更加自由。车门一关，没有人知道你们在谈什么。如果你愿意开口，这可是一个绝佳的情境。

本书所要讨论的就是情境。本书既不是一本对现代社会进行科学分析的图书，也不是一本需求明确且概念清晰的政治性小册子。本书摒弃了科学的严密性和需求的独特性，而更多是在进行一种细致入微的描绘，再清楚不过地指出不可能有清晰而又明确的陈述、需求和方案。

本书也涉及危机问题。你可能会问："什么危机？"最终看来，答案并不重要。本书强调了现代社会不可避免的危机。与其他著作不同，本书既没有提供解决危机的出路，也没有指责制造危机的特定人群。我更想表明一点：在我们这个社会中出现紧急情况很正常，其中最主要的一点就是，任何事情都不会结束。社会飞速发展，各种情境接连出现，总是会有另一个人或另一种观点来抵消任意一条最终判决。经典的最终判决当属"梵蒂冈程式"（Vatican formula），即"罗马已发话，案子结束了"（Roma Locuta, Causa finite），这说明不会再有更多的矛盾。不过，有时虽然"罗马已发话"，但很多矛盾还是会发生，只是这时"案子结束了"，像这种情况已经持续了很长一段时间。

我将初步探索如下问题：为什么从不同角度和不同位置

看到的世界会如此不同？为什么我们会拘泥于自己的观点？为什么我们所处的社会看上去总是不完整，总是未结束，总是不安定，总是不确定，总是不安全？我很在意自己对社会的描述，最主要的是我不会夸大其词，许下承诺：只要人们采用正确策略，问题和挑战就会迎刃而解。

　　作家们往往会从其自身定位出发，坚持认为他们自己的方案和提议最为合适。我不会提出任何解决方案，而只是想提醒大家注意：不同视角下提出的解决方案会是如何不同。我感兴趣的是观点如何产生，人们如何纠结于自己的观点、描述和实践。本书意在描绘的愿景并非来自某位自认为能够洞察万物的社会学家的高谈阔论。

　　本书只是尽其所能，希望通过易于阐述的理论知识，严肃地呈现出"不同的情境会造就不同的世界"这一观点。本书不仅要简明地描述这一点，而且至少还想唤起一线希望——希望随着大家切实接受这一见解，我们能够理解：为什么在同一个世界里会有一些不同的世界相互冲撞，进而不可避免地陷入冲突境地。本书不想回避这种冲突，而是要将其展开讨论。从某种特定意义（而不仅仅是从表面的政治意义）上来说，我们要能够慷慨容忍不同的道德观点或不同的生活方式，并保护它们免受彼此侵害。

通过理解不同的世界观并非偶然形成，本书无疑是自由的。这里的"理解"有两层含义：一层是要真正理解这一观点，另一层则是要理解说话者所处的不同立场。这并不符合我们想要提供强效解决方案和明确行动指南的愿望。这听起来可能会让人觉得不够振奋人心，但事实确实如此。这是因为这里面蕴含着巨大的潜能。

在读过本书手稿的人中，有一位称这种论调为宿命乐观主义。他可能有些相信宿命论，因为他提到我们（在生活中）总是会陷入诸多纠缠之中。但他又乐观地表示，这些纠缠总是能够得到积极的解决。如果认为我们不会遇上这些纠缠就能做出评判，这种天真未免会让人可怜。事实上，正是这些纠缠让我们认识到自身的局限性，同时也为我们提供了素材及可能性，据此我们才能做出可靠的评判。

我们从不同的角度发表观点，我们每天都在过着普通的生活，我们需要承担领导任务，我们必须决定当下是否面临危机，我们还想改变社会，在上述这些时候，我们实际上做了什么呢？类似具体情形就是书中故事关注的焦点。而且，事情的发展通常都会与人们最初料想的情形大相径庭。

我的计划并不是将需求放大进而做出具体选择，而是想要从多种视角给出一个朦胧但却笃定的观点。我的视角集成了所有视角。这看起来并没有什么不寻常,但它还关注这样一个事实:表演(就其字面意义而言)只是一场表演。还请读者注意,各种表演随处可见:有的是关于专业抵押品,有的是关于意愿与感知的评判与断言,有的则是关于危机评论和媒体事件。所有的世界都在上演各自的故事。我自己同样会登台表演,然而在我的舞台上也会呈现出其他人的舞台。因此,我把本书定位为对各种描述的描述。乍一看,这可能会让本书的意义大打折扣,但实则却也正因其自身局限而显得更为严肃。比如,在这样的舞台上上演着这样一出悖论:整个世界都已展现眼前,但眼前却是空空如也。

这一幕并不会掀起多大波澜。毕竟,在现今这个喧嚣的世界上,即使有惊喜,可能也只会悄然而至。顺便提一下,按照这种说法,本书虽然形式上无关政治,但在实质上却是政治意味十足。本书试图从那些我们习以为常的例子中悄然而又出奇地描绘社会,这个社会有如此多的不同,以至于我们几乎对它们一无所知。我的成功之处或许在于,不仅增添了另一个变体,还使描述变得易于理解。无论怎样,我都愿意邀请大家与我一起踏上旅途,途中我们会邂逅一些平凡的角色,他们在各种纠缠中奋力挣扎,他们一直在真正关注其自身的局限。

第一章　角度：为什么我们眼中的世界是如此不同

我在中央车站搭上了一辆出租车赶往一家医院。"你不是病人吧？"司机问道。我得急着赶路，因为我乘坐的这趟从慕尼黑出发的火车晚点到站一个多小时。还没容我回答，司机就开始讲起自己的遭遇。他的妻子得了重病，是一种癌症，无药可治，已经住院很长时间了。同时，妻子有时也会住在家里，这时就要由他来照料。日子过得很艰难。如果哪一天情况还不错，晚上他就会感到非常幸福。他要做的实在是太多了，像该吃药了、该排便了、该量体温了、该调整疼痛疗法了，等等，无穷无尽。他都快要撑不下去了。这位司机听起来确实很不容易。有时他会觉得这纯属自讨苦吃，有时他则真的不知所措。这就像夫妻俩一起生活了三十多年，突然有一天妻子对你说："要是一切都结束了那该多幸福呀。"你又该说些什么好呢？

这位司机约有六十五岁，体态臃肿。他讲述着妻子的治疗过程，神情激动，同时也是满腹疑惑，看得出来，他已经讲过这事不止一次了。他似乎忘了我还在车上。突然，他回过神来，好像又想起车上还有乘客，把自己吓了一大跳。如果我不是去看病，而且看起来也不像是在出差，那就只剩下一种解释了。"你是什么科医生？"他问道。我强调自己不是医生。不知怎的，听完这话，这位司机松了一口气。"哦，我想也是这样……"

我问他为什么会这样想。他又接着事无巨细且情绪激动地描绘了一番：没有人肯为他花时间，没有人真正关心他们夫妻俩，人人都在敷衍他们。他们的主治医生老是去找高级医生来帮忙，而那位高级医生每次露面也就短短几分钟，跟着便是对全科医生草草交代一番了事，护士又总是莫名其妙地加班加点。唯一有点空闲的人是医院的牧师，可这是一家新教教会医院，他们夫妻俩又不是这家教会的信徒。

他既找不到能帮他跟医院进行沟通的人，也找不到人去打听他爱人目前的状况。很多说法都是自相矛盾，那帮人根本就没什么才干。听得出来，他已是失望至极。"我觉得人还是早点死最好，而且还要死得痛快些，不然自己得不到什么好处，别人也得跟着受累。"接着他又说："这些人在医院里个个无所不能，换个地方也不过如此，死了都一样。"这句话刻骨铭心，透露出一种哲学般的沉重感，一时间我们都有些不寒而栗。随即司机又大笑起来，可能是想稍微缓解一下恐慌情绪吧。

　　我告诉他我是一名社会学家，正要去拜访这家医院的伦理委员会。这位司机心领神会，话题立刻转向医院里的种种情形。他有一种感觉，借用一句老话来说就是，右手根本不知道左手在做什么。"有个医生说，试试让一个医生负责到底如何？他非疯掉不可！这些医生只顾打自己的小算盘，根本不去考虑别人的实际情况。想问问妻子得吃什么药，得去找这个人，想问问接下来该怎么办、在家里又该怎么办，又得去找那个人。这些人各管一摊儿。"

　　就像是手执一个放大镜，这位司机准确地切中了我这名社会学家的兴趣点。在我看来，医院并不只是一个医疗保健机构，它也是现代生活运转的真实写照：节奏快，层面多，掌控难，监管压力居高不下，想要破解这些难题却又找不到突破口。这会儿工夫医院到了，我满脑子的思考戛然而止。我付了车费，司机问是否还要回车站，我们约好了时间，到时他再来接我。

　　因为火车晚点的缘故，医院门口早已有人等候多时。我一直在进行一项长期研究，追踪类似伦理委员会这种机构的运行情况，所以医院方面邀请我来参加临床伦理委员会的这场会议。当天会议的主题是医院如何应对患者自杀问题。一名工作人员将我带到会议室，此时会议正在如火如荼地进行。我的造访打扰了围坐在圆桌旁的人们。看到我进入会场，大家都敛声屏息，而董事会主席则不动声色——这位主席是一位麻醉医生，已经退休，我们以前在别的会议上见过面。他这样做显然是想赢取一些时间，以阻止各方继续辩论——至少在我看来是如此。

主席对我的到来表示欢迎，接下来会议进入简要陈述环节。出席会议的人员有医院院长、几位牧师外科医生、几位医生（包括一位姑息医生和一位精神科医生）、一位律师、两位护理人员代表和一位患者权益代表。还在这一陈述环节大家就已是各执一词，针锋相对。精神科医生与律师之间的辩论尤为激烈。

大家基于共同利益坐在一起，可以从不同角度出发谋求共识，这一点在陈述阶段就已说得很清楚。尽管如此，当我听到行政主管本人大谈特谈金钱的万能和冷酷的一面——这个有悖该伦理委员会的伦理之处时，我还是觉得颇有几分讽刺意味。在我这个外人看来，这就是一则精心编排的笑话，参会人员个个面露愠色。

接下来发言的是一位高级内科医生，他只是客观地介绍了自己的姓名和职责；之后是护士长，再之后就是那位精神科医生，这位医生对不知什么人表示了一番谢意。接下来是两位教士，一位是稍微年长的天主教神父，另一位是年富力强的福音派牧师，他们来自两个不同的世界，但都表示支持所有各方的观点。他们"支持在场所有人"，也支持那些在医院"服务"即"为人服务"的所有人。

紧接着是一位年轻助理医生，他发言的内容可以归结为两点：一方面，他全身投入，兴致盎然；另一方面，他又显得行为拘谨，小心谨慎。诊所内部架构清晰，上传下达，他的态度在某种程度上体现了这种森严的等级秩序。即使这些部门位列大学机构，其文化也会与其他学院迥然不同。

"你没有必要这么谦逊，"坐在那位助理医生旁边的一位绅士说话了，他一直在那里有些坐立不安，"你很可能会说你也学过哲学，是一位真正的伦理学专家。"那个年轻人立刻满脸涨红，但这时大家的目光已经转到了这位自称是法理学及刑法学教授的绅士身上，这位绅士的发言简明扼要："在规范问题上，光有哲学是不够的。"

这一轮中最后一位发言的是这家医院姑息治疗站主任医师，治疗站有十张专属床位并与医院其他部门共用部分慢性收缩性损伤（chronic constrictive injury，CCI）设施。整个陈述环节也就持续了五分钟时间，但却自始至终都弥漫着一种剑拔弩张的气氛。接下来，我对他们的盛情邀请表示感谢，然后谈了一下我作为社会学家对这类机构的关注情况。我力求简短并于言辞间表明在我入场时会议已然开始，我的造访打断了大家的热烈讨论。

主席说："哪里，哪里，实际上我们应该汇报我们工作内容的……""不，客人是对的，我们刚刚讨论了一个棘手的案例，必须承认，事态的发展让我震惊不已，"这位年轻的助理医生兼哲学家直言不讳。

主席继续主持会议。"你们应该知道，就在几周前，我们医院里发生了一起患者自杀事件，影响恶劣。到目前为止，我们对这起事件还是一筹莫展。之前确有一些迹象本该引起我们重视，所以我们也不知道自己是否犯了什么错。但是说到该如何恰当处置上却又莫衷一是。你来之前我们谈论过这一问题，这位精神科同事与法律专家之间的分歧尤为突出。"

紧接着，那位精神科同事描述了事件的经过。在那位肿瘤患者自杀的前几天，他就暗示过想要一死了之。大概是觉得肿瘤一时半会儿也要不了他的命，大家也就没太当回事。

总之，情况都已跟他交代得很清楚，但根据与护士、他的妻子和儿子分别谈话的内容，以及高级主治医生的陈述来看，到最后他也没有得到最起码的关注。

这位精神科同事就像是打开了压力锅上的排气阀，会场气氛突然变得轻松起来。但我还是更喜欢之前那种气氛。我请求精神科医生继续说下去。他说："今天会议开始时，我只注意到'有必要多加关注'这样的论调，那就是最细微的征兆也可能会清楚地反映出患者已经无法左右自己的处境。你必须做点什么去保护他们。如果找我咨询，我会非常乐意。但这样做又会落人口实，律师们又可以大肆抨击医务人员的家长作风了。"

"不过，"这位精神科医生接着说道，"要说患者本人主观明确表达的愿望是病态反应，这不可能。"看得出来，他的血压在上升。"很显然，患者住进像我们这样设施先进的医院都无法确保得到重视，真是令人遗憾。所以每个人都有自决的权利——这不仅对患者而言是如此，更重要的是，对那些想要做一些别人不想做的事情的人而言也是如此，否则他们就不需要自决权了。谢天谢地，白衣天使们可以独立决断的时代已经一去不返。"紧张气氛突然又消失了。接下来我了解到，面色抑郁的医院行政主管自己承担了责任，因为他很清楚，如果任由这类患者自杀的消息在媒体上四下传播，由此给医院造成的经济后果将会不堪设想。

在我这名社会学家看来，这简直就是一种教科书式场景。在陈述过程中，我曾问过高级内科医生阿什斯特（Ächst），其他各方会如何评判三方之间的争执。这位医生自始至终都表现得最无辜，他带着防范的口吻说，他只考虑下面这个问题：从医学角度来看，实在是找不出任何患者自杀的理由。护士长马上接过话茬："对于刚才谈到的情况，我们早就习以为常。我们与病人接触更为密切，但是时间从来就没够过，不—是—要—省—人—嘛。（她一字一顿，眼睛还盯着行政主管。）我们不能只在查房或治疗时才跟患者见面。这一案例恰好说明了这一问题，是一位年轻护士跟患者悉心交流时发现了问题。她把这一情况告诉给了助理医生。但我重点想说的是，我们看护人员都很清楚，患者需要更多的关注和陪伴，也需要跟我们不断接触。我敢说，在这个问题上，我们的灵魂正在渐行渐远。"

可能是听到了"灵魂"一词，两位神职人员随即加入了讨论。那位年轻的新教牧师说道，无论是一个人自身，还是他的监护对象及陪伴身边的人将死之际，都会表现出"恐惧和弱点"，也会表现出决绝。在结束语中，她说："有时候，我们知道能做的事情微不足道，心照不宣也就够了。"在这之后，再想发言就没那么容易了。委员会主席抓住这一机会，要求大家拿出解决方案或总结讨论结果。

那位高级医师趁机表态：说到底，医学方面的考虑才是至关重要的。多与患者进行人性化沟通，拉近与患者之间的距离，这都是好事，但最终必须依靠明确的医疗标准来决定如何对待患者。那位律师又抢过话题，强调病人的自主权。

趁着讨论还没回到起点，我请求会议暂停，让大家再回顾一下刚才的情形。我说："这是不是有些讽刺意味呢？一方面，律师在强调病人的自主权、个人自决权和自由决策能力。另一方面则看起来又在重新启动一项强迫自身不断重复的项目。对每个参与者来说最终都是如此。每个人都从自己的角度出发，表达当时看来似乎合理的观点，好像只是借己之口在进行传达而已。"

年轻的助理医生打断了我的思路。"你有权这么说，"他针对律师的讲话说道，"患者必须是根本的出发点和落脚点，这一点无论是在法律上还是在哲学和道德上都是确定无疑的，其他一切都没有理据。我在哲学研究中涉猎过'知情同意'问题，即创建这样一种模式，假定医生具有信息优势，但必须通过与患者充分沟通来弥补患者的信息劣势，这样两者才能拥有平等的基础。这样一来，对一些棘手的干预措施以及治疗对象的变化等问题，医生就可以做出明智的决定。我感觉这样无懈可击，我也可以站在医生角度来反思我对自己的职业和医生职业的理解。从道德角度来看，我认为这种模式无可替代。但站在医生角度我又注意到，平等视角和法律辩护的哲学理由，与患者的真实情况相比是两码事。患者掌握的自身健康状况信息，与他的主治医生掌握的信息完全不同。当涉及恐惧、需求、感情和不确定性问题时，这样相同的视角在别人看来未免过于单纯。从医学角度来看，有时并不需要提及全部信息——我们的专业性可能并不仅仅体现在能够恰当地评判实验室检查结果和超声图像，而是也体现在医生与患者的沟通中。践行'知情同意'这一抽象概念有时收效甚微，就像行使主观权利一样没有多大意义。这就陷入了真正两难的困境。"

在这种情况下，这位年轻医生已经有所突破，在此之前还没有别的发言人能做到这一点。他不仅以不同的方式抽象地体验了不同的角度，包括法律角度、他的医学角色，以及他的伦理哲学思考尝试等，他还在不同的情境中通过亲身实践体验到了这一切。虽然他无法将这些不同的情境融合到单一情境中，但他发觉自己有望找到这些不同情境的意义。在他看来，这些不同情境之间并非竞争关系，而只是在概念上表现出内在的对抗。

无论如何，这一观点给人们留下了深刻的印象。天主教牧师随即表示同意。姑息医生也跟着表示同意，这位医生显然压抑已久，他说："我也了解这种进退两难的境地，姑息医学的出现正是基于这一事实，我们希望能为生命垂危的患者多做些事情，而不只是缓解他们的疼痛等症状。因此我们与牧师密切合作，努力给患者提供各种沟通的可能性，给患者提供机会与家人沟通，让病人再次获得积极体验。而且我们也知道，对患者来说，最大的问题并不是信息问题，而是一种参与方式，一种能凭一己之力去参与生活的方式。我认为这一点关乎医生能否在医疗行业脱颖而出，也即，为患者营造其本人能够左右的局面。"

对姑息医生来说，这种区别或许表现得尤其明显，因为在生命的最后阶段，重心已不再是治疗与康复，而是安慰，或者说是慰藉性的陪伴。医生是训练有素的专家，专司调理人体的生化过程和因果关系，但在处置病人的过程中医生也要遵循行业规范。这样的医生工作尽职尽责，颇有家长式作风。医生职业具有高度的不对称性：一方是（至少原则上是）健康个体，另一方是患者；一方拥有治疗所需的知识，另一方是治疗对象；一方发号施令，另一方则接受治疗。但是，常人却往往无法看清这一点。在医学界，类似特例屡见不鲜：既有英勇的死亡斗士，也有掌握生死的专家，还有细腻敏感不离不弃的看护和陪同人员。这位医生深陷这些纠缠而不能自拔——他不仅是一名医生，也是一个给予患者希望并帮助他们消除恐惧、不确定性和无知的人。然而，即便如此，患者也只能被动等待，遭受痛苦。

无论如何，这场讨论已经改弦易辙。律师与精神病学家此前一直针锋相对，这会儿也有所让步——并不是真正表示认同，而是听了年轻医生那些话，很明显，各方都要关注各种情境和角色的互补作用——不知怎的，大家纷纷改变说话方式，言语间充满了真诚，彼此间唤起了强烈的共鸣。也可以说他们说话的方式更加文明了，即使有些咄咄逼人，也是真诚有加。这种新局面的出现得益于年轻医生坚定而又缜密的发言，并使分歧得以悄然解决。

会议临近尾声，我应邀进行评估——我要做最后发言。这绝非一件易事，因为我只是在进行现场观察，而且在这件事上最终也没有提出什么解决办法。我再次重申了这个想法：在场所有人都竭尽其言，真诚允诺放弃自身立场，准备实施最受期待的项目。话音未落，我就注意到这话招来了反对意见。精神科医生一脸讥笑。那位年轻助理医生也是嗤之以鼻。我赶紧做出解释：至少在这第一次努力的过程中，除此几乎别无选择。

设想一下，如果各位发言人口是心非，情况又会怎样？比如说，如果这位律师没有首先强调主观权利的无条件性，那么他应该是一位糟糕的律师。如果这位精神科医生最初没有怀疑病人自杀意愿的病理学因素，我们又会怎样评价他呢？而那位高级护士则不得不指出自己的做法与医生做法之间的差异：医护人员往往比大多数医生更能切身体会到病人的感受。最终，那位行政主管也是无计可施，只能继续大谈特谈金钱的"万能和冷酷"，以及这一事件给医院造成的经济后果。那两位牧师还能在原则上再说些什么呢？而且在某种程度上，内科医生首先探寻躯体诊断标准也是无可厚非。"看起来他们并不是在表达自己的观点，而只是在借他们之口传达这些观点而已。"

这可不是在场的人们想要听到的结论。大家对这一轮讨论结果有些失望，我通过提示他们我完全赞同他们的观点想让他们振作起来。作为社会学家，原则上我还应该提出什么呢？当然，社会学家完全可以提出不同的观点。我的很多同行往往会选择站在医学或职业的角度去进行批判，或者更倾向于站在那些没有掌握多少权力和资源的职业的角度去进行争辩。但是，这种认识并无助于改变这样一个事实：社会学必须着眼于从不同角度出发提出的观点。从社会科学角度来看，社会学家还可以再进一步去探究这些观点究竟是如何产生的，它们又是如何相互冲突的，但也仅此而已。

与会各方几乎都在本能地抵制我的结论，但在另一方面我也是在向与会各方表明，他们发表这样的观点绝非心血来潮。我想明确这一点：角度不同，情境不同，实际需求不同，这个世界看起来自然也就会截然不同。这种论调抽象十足却又显而易见，在具体情况下，其实际意义非比寻常。医生需要解决一些律师、精神科医生乃至护理人员都解决不了的问题。

上午的会议表明，人们在患者自杀后对这一情形所做出的描述和评估在某些地方明显相互矛盾，但到头来所有人都没错。这听起来有些不合逻辑和荒谬，但却也是我们都生活其中的现代社会是多么不合逻辑和荒谬的一幅真实写照。从社会学的意义上来说，还是各种角度截然不同。

从逻辑上来说，我们很容易接受下面这一点：如果存在矛盾表述，在 N 个不同表述中至少会包含 N−1 个错误表述，那就只有一个是正确的。但放眼社会，若真抱着这种观点未免幼稚可笑。个体根本就无从应对纷繁复杂的现代世界。我也无法从社会学角度就应对具体问题给出任何建议，这正是原因所在。即使真给出什么建议，我也只能是针对具体情况摆出一种核心观点——然后再摆出另一个不那么专业的观点。

在我看来，所谓专家，就是要从不同的角度出发去梳理不同的观点，这些观点乍看好像都是为了满足其自身利益。而像该伦理委员会的专门小组并没有试图去消除、隐瞒或否认这些分歧，这也是其特别之处。在包括这种场合在内的各种场合中，我们需要确定具体情况，需要试着去理解为什么需要采取其他形式的做法去解决其他问题，或者说，为什么其他问题需要不同形式的解决办法。类似伦理委员会所能做到的就是：在正常情况下，恰到好处地激发我们从其他角度去理解问题。

这次会议的教育意义也就在此吧，同时也算充电增加些能量吧。如果与会者清一色都是同行，那么他们与缺席会议各方的看法可能就会大相径庭。围坐在一张桌子旁边，你别无选择，只能清清楚楚地表达出自己的观点。我在总结发言的最后重申了自己的坚定态度，这种跨学科、跨职业交流的论坛，为解决其他领域的问题树立了典范。因为我们这个社会越来越不相信可以借助单一逻辑从单一维度去解决问题。在早先时期，医疗通识尚足以整合医院各部门局部的观点，而在当今社会，各种观点则是纷纷涌现。上午的会议无疑已经表明了这一点。

这绝对不是一段让人觉得可悲的结束语，但确实是最后一段陈词，因为我要去赶出租车了。不管怎么说，争论最终得以调和，足以让人感到欣慰。

出租车司机热情地向我问好。"那些家伙准在大谈特谈他们的做法有多么恰当得体，对吧？"我有些沮丧。"我早就跟你说过他们是怎样对待我妻子的。顺便告诉你，她今天好多了，我刚给她打过电话。"此刻，我对刚才的会议场面记忆犹新。我很清楚，有时医院员工的言行跟这位司机如出一辙。双方彼此都不知道对方在做什么，而这一现象多少却又无法避免。

"别跟我扯这些，我可不这么看。这样的人多了去了。个个都学过这个，研究过那个，什么都能干，其实他们什么都不是。"对此我没有任何异议，毕竟他有切身体会。我进一步在想，对于我这样一位咨询专家，那些医生是否也会同样说，他根本就不理解我们在医院里的所作所为。在这一点上，中国人更善于从不同角度去看待问题；但在帮助社会学家摆脱困境上,我们又能指望谁呢?

只一会儿工夫车站就到了,告别场景非常温馨,出租车司机转达了他妻子对我的问候,这让我感动不已,他把我们上午的谈话内容告诉给了他妻子。火车已经准备启动,在回慕尼黑的途中,我应该有足够的时间再去好好梳理一下上午发生的种种情形。

在这场讨论会上,社会学家的处境颇为尴尬:一个旁观者莫名其妙地涉足其中,端坐在那里,看着他人发挥专长,真心实意、满腔热情而又严肃认真地尽职工作。尽管如此,还是需要再考察一番应该如何谋划事情的发展。与会各方不可能另辟蹊径,他们只能做到这些。而且,他们必须和盘托出各自的日常苦衷。我想起马克思的一则著名论断:"人们自己创造自己的历史,但是他们并不是随心所欲地创造。"不过,我认为事实恰恰相反:你并非靠一己之力去实现目标,但你却完全可以随心所欲。在医院的圆桌会议上,那些满腔热情的专家在这件事情上并没有多少选择。但是,他们的所作所为赋予了自己自由。他们总是在关注着什么。作为一名社会学家,我从不同的职业及其从业人员那里认识到这些问题,并在我的研究以及接受咨询的过程中也反复遇到过这些问题。

无论你是律师、看护、牧师、行政主管、医生还是哲学家，这都会产生影响。那位年轻实习生给我留下的印象最为深刻，原因也在于此，他感受到了人们早已被社会上的各股力量所裹挟：一方面，他受到一种道德上正确的行为方式的启发；另一方面，他又很清楚日常诊疗过程中的需求和限制。这个问题无法在原则上得以解决，只能寻求实际解决方案。

而要想"实际"解决，也就意味着要满足具体情形的要求。对医生来说，这一点颇为棘手：病人站在他面前，这就是一种紧凑的、有时间限制的情形，此间不同情境都是彼此抽象。医生必须采取行动——立刻，马上，并且是站在对立的角度上采取行动。在同一种情形中，但同时却是在不同的情境下。现代性的经验让这一点一览无余：各种情境裹挟着我们，有时还会一起上阵。我们习惯于不断改变情境。

各种难以协调且互不相让的情境都摆到了桌面上，所有各方都是正确的，即使他们做出的贡献截然不同。这就是像这样的伦理委员会会议的特殊之处。即使在医院这样的地方，大家致力于同样的工作，有着共同的目标（都是为了病人早日康复，都是为了更专业、更具人性化地去完成工作），人们的观点也还是会互相矛盾。这表明我们身处其中的社会，其主要特征并不是相似性和共同性，而是多样性，观点和态度各异。

当我们接受不同观点之间的分歧，以及我们所处的不同情境时，只有考虑到这一多样性原则，我们才能恰当地去理解现代社会。这并不只是一种抽象意义上的理解，而也是一种实践感。这种认识强化了以往社会中存在的实际情况：每个人都像演员，在规定的地点，按部就班地完成自己该做的事情。今天所谈到的"实践感"——说实话——则是荒谬的。他必须在相互矛盾的意义、利益、含义、任务和需求中去证明自己。

也许这就是为什么需要把发言者不可调和的立场和观点形成抽象概念，这样才能真正发现我们是如何在这个世界上生存的。或许是下面这一点让我们在观察现代世界时饱受折磨：社会不是单块积木，基于共性而搭建，而是基于对立和差异，这些差异无法简单地凭借沟通就能消除，当然，沟通正是源于差异的存在，同时它也会导致更多差异的产生。

我自己实际上也经历过这种情况：我们仅仅关注对手目前的状况并会忙不迭地去加以应对，却忽视了他还牵扯着诸多过去，并且他还有其他对手。因此，描述这些情形并不容易。我在伦理委员会会议上描述的所有"类型"一方面都是非常鲜活的个体，另一方面也是相应观点的代言人。律师所言及医生、护士和牧师等人的躬行也可作为我们社会的一种资源，我们可以依靠这种形式并习惯于这样的事实，即非常不同的地方的社会彼此不可见并会按照非常不同的规则运作，但同时也必须清楚彼此的规则。

最重要的是，在现代社会中我们所能认识到的是：事情不需要按照常规去解决，也不是一切事情都能自行解决，而且解决方案往往需要借鉴其他观点。这个想法还要归功于一位与我关系密切的同事吉安·波拉西奥（Gian Borasio），我们的研究领域并无相关，但我跟他密切合作，受益匪浅。他是慕尼黑大学医院一位颇有争议的姑息治疗执业医生，同时兼任姑息医学会主席。我跟他多次见面，作为一名社会学家，这样的问题一直萦绕心头：我们的社会将会如何死亡？在这其中，各种职业和职业团体发挥了什么样的作用？此前描述的会议也属于这种情境。

我与吉安来自同一所大学，但却背景悬殊：他是一名开业医生，我则是一位社会科学家，我们各自的任务也有天壤之别，对大学教师这一角色的理解和期望也是迥然不同。吉安是一位神经科医生，他力排众议，倾其心血，创立了这座姑息治疗中心，这既体现了他的专业知识和影响力，也体现

第一章　角度：为什么我们眼中的世界是如此不同

了一个深谙南欧人交流方式的意大利人的魅力。他在诸多医学领域卓有建树，与牧师通力合作，与护理人员（尽管他们的医疗习惯颇有家长作风）保持平等关系，提供资助，发表鲜明的政治主张，在涉及法律形式问题上不会轻易让步。他向职业界限和责任发起挑战——他确实早已树敌无数，我这么说也不算泄露什么秘密。

基于这样的了解，我一次又一次与吉安会面，却也一次又一次感到失望，因为情况和我期望的很不一样。记得在一个深夜，一个漫长的会议结束后，他开车送我回家。我们沿着通往宁芬堡城（Nymphenburg Castle）的南部公路前行，路上漆黑一团。我们刚刚具体交流过把从不同职业角度出发提出的观点汇集到一张桌子前是何等的艰难。"你知道，"他说，"我从患者身上学到了很多，特别是那些垂危患者。可以说，他们压力很大，也很不容易。"

我承认，我的第一反应是困惑。这句话充满怜悯意味，是人们期待传统职业人员说出的话语。像法官、牧师、医生这些传统职业人员，如今个个家长作风十足。在别人看来，他们的职业光环耀眼，令人望而却步。这些传统职业着眼于解决人类生存所面临的根本冲突——法官自带公正的光环，说话大义凛然，牧师与弥留之际的人们对话，医生保障人们的身心健康。在资产阶级社会中，这些经典职业人员不只是各自领域内的专家，他们还是带着悲悯情怀为芸芸众生代言的人。反对无效！角度差异问题就这样解决了。这三种职业的不确定性清楚地表明，社会已经发生了翻天覆地的变化，因为在今天，人们对这三种职业的期望与现实相互矛盾。不过，那种悲悯论调却是依然存在。

或许我也会在某个庆祝会上说"我从学生身上学到了很多"。这绝对不是一句谎言，不过脱离那种需要表现悲悯的场合，这话听起来还是会让人觉得有些奇怪。吉安注意到我在犹豫，便接着说："临终患者是不会妥协的。你不仅可以在放大镜下详细检视我们所有的专业活动，还可以体会从截然不同的角度去看待事物的意义。"

"可是，"我问道，"这不就是那种在艺术作品中常见的戏剧性的死亡场景吗？弥留之际，过往的一切都在脑海中一一闪现，临终卧床之际成为人生的焦点时刻？这也太老套了吧？"吉安一脸嘲弄地看着我说："你们社会学家就会这一套，对吗？还会别的吗？好吧，就算是老套，但事实却并不止如此。根据经验，参与各方的不同观点在某些情况下多少都会有其实际意义。"我对此很熟悉——我担心他会像社会学家那样说话，不论这样对他的病人是否有益。"别担心，

第一章　角度：为什么我们眼中的世界是如此不同

我不会像社会学家那样去说话，但我知道，当我们鼓起勇气去质疑工作中既定的权力时，我们的工作就会发生变化。可是作为一名医生，我为什么还要与社会学家说话？"这句话一针见血。

在我看来，吉安从纯粹医学角度得出充满悲悯情怀的结论，清楚地表明在医疗实践中还有一些新任务等待完成，而且没有通行的解决方案可以遵循。而在以前，人们互相交流，高效率地工作，根本不需要进一步反思。因此，在我们的想象中，成功的日常职场生活应该在充分协调的基础上尽可能减少精力消耗。这确实很有效，但一旦出现新情况，这些通行方案就会受到挑战。姑息医学就是对现有的通行解决方案进行质疑的鲜活例证，因为重症患者年龄更大了，存活时间也更长了。患者信心增强，纷纷站出来主张自身权利，对于他们的要求，我们必须高度重视，而不是在本子上一记了之。对死亡过程的医学监测议题已经提上议程——需要我们着手应对。这就需要所有参与方重新整理各自此前的观点。

顺便说一下，我们之间友谊的基础还在于，我们都能从不同立场出发注意到不同观点的可取之处。社会学家必须重新认识这一点，因为我们的社会已经历经几个世代，各种观点层出不穷，异彩纷呈，但一直以来我们都只是关注意识形态的限制，而未曾去从不同观点中寻求启发。但医生则必须要了解这一点。事实上，我们既可以把医生的形象看成一种象征，还可以将其看成一种经典职业的成员或继承者，其具有明确界定的权力，没有人可以表示异议。我对吉安的感激之处在于，他摆出了这些矛盾，他对自己感到不安并且时刻准备学习。

"学习"是当今社会中的一个热词。当我们谈到其他观点、发言者的其他立场，以及世界上其他观点其实也是合法观点等问题时，它就会出现。例如，可以考虑在董事会会议上提出一个专业观点，比如经济后果问题，或者是不让律师或牧师参与是否可行等。

学习似乎只与信息和技能有关而无关其他。学习能让你开阔眼界，让你知道你能做什么、可以从什么角度去做。这一点无论是对他人还是对自己都适用。因此，学习可以使我们选择从相对的角度去看待问题。

我从吉安那里学到的不只是其他领域的东西，而是还有别人对待事情的态度，以及把这一切付诸实践的方法。我把姑息医学看成一个鲜活的例证，它表明了能力提升与职业卓越的概念变化过程。专业精神不再只是指在自己领域内的鉴赏力，而是还把其他技能和能力融入其中。这可能意味着失去了一直以来的控制技能和幻想，但与此同时却是获得了精英人士的新想法，他们知道如何更好地去处理现代社会的多样性和差异化问题。

据此我们可以得出一个基本见解：每个人都在从一定的角度去看待社会，只是每个人都是管中窥豹罢了。如果我们总是从以往熟悉的角度去看问题，就可能会铸成大错。无论何时何地，问题描述与解决方案之间都会相互竞争，并且都只是众多视角之一而已。

例如，一个倾向于经济性的描述不仅依赖于将金钱作为衡量所有事物的尺度，也依赖于对生活的某种基本态度：从某种意义上说，每个人都是商人，而且必须努力工作才能脱颖而出。世界就像一个市场，在这种模式下，所有事物都一览无余。一个更倾向于政治性的描述会着眼于为每个人找到解决方案，这一方案具有集体约束力，它依靠集中管制而非分散的市场解决方案来实现。然而，从艺术的角度来看，人们则会依赖个人表达和审美体验。

但是，现在还有其他模式大行其道。例如，倾向于教育性的描述在资产阶级社会中已跃居前列：学习过程（包括个体学习和集体学习）一定会解决这些问题。与此密切相关的是倾向于伦理或道德的描述。现实世界似乎是受道德约束的行为世界，所有事情都必须在法庭上有理有据。此外，我们还能想到一种纯粹健康性的描述，并可在病理学中找到其论点。

这样划分可能有些过分强调体裁：大多数时候，这些不同角度之间经常会直接相互斗争，而不会顾及这场斗争下的总体情景。对社会问题、难题和挑战进行公开讨论，基本上都无法反映出社会的多重角度性，而且基本上也不会关注到发言者的论点是如何产生的。

我认为现在不要再去习惯性地批评或抵制这种多重角度性，而是要积极主动地接受这一特征。我们不要大费口舌再去争辩角度的差异性。我们应当把角度当成一种战斗方式！我确信这个世界上最紧迫的问题：从生态问题到全球不平等问题，从人口问题到世界金融危机问题，从人类食物供应问题到未来的能源供应问题，都不会靠争辩哪个角度合适而得到解决，也不会因为将哪个角度当成唯一正确的而得以解决。自19世纪以来，政治及政治经济就处于至高无上的地位，并在20世纪的极权主义中达到最极致的表现。然而时至今日，不少社会科学知识分子仍然坚持这样的中心视角。

随着西方国家声称它们成功地控制了苏联的势力范围，

经济逻辑似乎被认定为是主流角度。无论如何,"自我激励""竞争""个人创业"等概念现在适用于社会的各个领域,就像人民的政治之谜、人民主权论,以及后来的人类集体命运的国际化视角一样,诱惑十足而又让人深信不疑。

我认为社会学观察对世界的特殊贡献是让人们认识到:在竞争中或观点融合中无法找到解决方案,而是要到其他情形中去寻找;不要试图去消除角度及情境多样性,而是要将它们进行有效的转化。

因此,我主张应当将矛盾排除型论断(毕竟这也是一条欧洲古典逻辑的基本原则)再次置于经验主义的实验台上加以检验。无论是从数学的角度,还是从经典且与语境无关的逻辑学意义上来看,可以说有些论断或真或假,但却不能同时亦真亦假。这一原则并不适用于社会和实践。从经济角度来看正确的做法,从政治角度去看就可能是错误的。这并不是社会现代性无可争辩的基本经验,也不是在抨击社会,更不是反对实施任何实际行动,而是在更仔细地去进行观察。

"罗马俱乐部"提出的"沙漠技术工业倡议"这一事例或许可以说明上述观点。诚然,我热烈拥护这一倡议。该倡议旨在为未来的能源供应提供解决方案,而不再去考虑石油、天然气和核能,其目标是将遍布欧洲及地中海沿岸欧洲和北非国家以及阿拉伯半岛的太阳热能、风能和水能相结合。乍听起来，这一倡议关乎技术可行性和一系列科学计算问题，其中包括：能量需求与生产量各有多少？能量产出时如何考虑能量消耗？能量在经过运输、存储及调配后是否还能使用？

然而，从一开始，"沙漠科技基金会"就已经大范围地考虑过各种问题：经济可行性问题；如此重大项目的政治影响问题；过去两代人的时间里，石油在该地区造成的扭曲的文化影响问题；法律和契约确定性问题；更重要的是，从项目角度来看，政治和经济领导权问题。

在这里，我不想谈论这个项目涉及技术、经济及其政治可行性方面的内容。我想指出的是这个项目的基本立场问题，自从2009年夏天由来自能源、机械、金融和保险行业的12家领先企业联合发起"沙漠技术工业倡议"以来，这一基本立场得到各种媒体的大力宣扬。在这一倡议中，观点各异的行为方并没有否认其他各方的观点，相反，他们通力合作，专注于项目实施，而这也正是这一倡议了不起的地方。

必须认识到，从经济学角度来看，只有保证在项目中期阶段能够大规模盈利，这一倡议才能正常推进。如果一个项目经济前景不佳，经济行为方不能从中获利，各方就会不愿承担风险，也不会全力参与其中。

必须认识到，从政治角度来看，只有该地区所有国家都参与其中，这一倡议才能取得成功；只有当所寻求的技术解决方案与马格里布国家或阿拉伯国家的意见相一致时，这一倡议才能真正产生积极的社会影响，整个欧洲甚至全球利益才能得到实现。例如，通过长期供应合同或政治控制定价，或通过利用太阳能热发电厂的剩余能量来增加海水淡化厂的水供应等方案。

必须认识到，从教育和就业政策角度来看，新技术的植入为该地区的人们开辟了教育和就业机会。只有这样才能真正让这一倡议植根于此，而不会被当成是外来干涉。教育和就业前景可能会在最大限度上影响该地区的可持续发展。

必须认识到，从法律角度来看，需要实例来确保预期安全性和合同连续性，否则该倡议的政治和经济目标就无法实现——更不用说其技术目标及其未来走势。这一法律角度使各行为方处于平等地位并成为合作伙伴，这种合作形式有百利而无一害，因此切实可行。

必须认识到，从宗教和文化角度来看，要想建立信任，必须考虑如何在本地区家长制统治最突出的宗教团体中积淀威信。也必须认清这样一个事实,即相对而言,这个结论是基于欧洲中心角度得出的,而人们则需要从地区角度出发对所讨论的问题持有相同进而互惠的观点。

在认识到上述各点的基础上,还要认识到,在具体情况下,从经济学角度看起来合理的事情再从政治、法律或文化角度来看则不一定合理。认识到这一点,你就可以依仗这一倡议。虽然到目前为止这一倡议并未解决任何问题,但是发现问题则是解决问题的前提!

上述简要呈现的这一倡议释放了一个信号,明确地阐述了不同的角度,同时也很明智地融合了不同的角度,摒弃了不切实际的态度。这个问题还涉及利益及冲突,最后则还涉及那些习惯站在自身角度而没有全局意识的行为者。

总是另有期待是一种非常幼稚的态度——就连知识分子都是在围绕整体来建构其核心叙事体系,即充分发掘理由,深度剖析一种历史必然性或世界性命运共同体。知识分子的这种套路是官僚主义态度的体现,因为官僚主义表面上看无非是在支配文学界,但从文学界的角度和实践来看,官僚主义主要建立在一贯的描写、连贯的叙述和程式化思想的统领基础上。应对这种官僚主义的方法,恰如写出一篇引人共鸣的文章——这就是实践。

人们不应该过于关注这一点,特别是像我这样以写作为主的人。但关键是有关这一问题的参考性答案在办公室里可能无法找到。在这方面,知识论证并不需要官僚主义态度,而是需要从不同行为者的角度出发,感知在不同外力和压力制约下的作品。如果知识分子的描述本身就具有批判性,认识到自己的描述也只是诸多角度中的一种,只不过能满足自己的实际欲望而已,那么这种描述本身就不再有官僚主义态度。公共知识分子或许再也不是那种适用于所有人的一般性道德评判的捍卫者。我现在更倾向于把公共知识分子看成这样一群人,他们能够解释为什么在相同情况下适用于所有人的评判正在变得越来越糟。与此同时,我也把他们想象成这样一群人,他们带着些许讽刺口吻表明,这一评判至少平等适用于所有观点。

在我看来,"沙漠技术工业倡议"这一例证表明,我们可以采用下面的方式去解决社会问题:必须考虑到行为者的观点和职能的不同,并将它们彼此联系起来,这样,这些解决办法就不会违背客观规律,因为观点差异是可以被理解并接受的。他们不再依赖上层领导者的独断规划或参与。相反,他们使相互关联的观点和行为者相互依赖。"沙漠技术工业倡议"努力想要做到使经济上的成功与政治上的成功息息相关，使教育角度和技术角度的解决方案相互依存。这种相互依存也是一种认可方式——并要比善意的文化认可更为有力。

不论是在医院里还是在"沙漠技术工业倡议"中专家们都在倾力投入，这些投入之间有什么关联？主要的挑战（至少是在我们所生活的地区）不再主要基于社会不平等或社会参与问题，以及政治自由或供应安全问题，而是基于这样一个问题，即如何能够将有着不同见解和视角的行动者（演员）、在特定情境中有着不同背景的行动者、有着不同但都是合法利益的行动者，以及有着不同但都是正确世界观的行动者之间不同形式的实践相互关联起来。

我们的社会并没有什么社会性，也没有什么共同性可言。社会就是不同的态度和观点在具体情况下汇集到一起的一个聚合体。所以从美学角度来看，解决问题不再是去思忖上司给出所谓中心明确、一劳永逸、面面俱到而又高度整合的设想，而是要正确地去认识不同角度之间的差异。

第二章　陌生：为什么我们之间的距离是一种关键资源

终于赶上了前往法兰克福的 ICE 高速列车，我感到万般庆幸，因为从我家到慕尼黑中央火车站的通勤车晚点，而且我的座位又位于这趟双列列车的前部。我穿过火车站熙熙攘攘的人群，几乎走到站台尽头才找到我的车厢。这一路我都在疲于奔命，直到坐下来后还有些亢奋不已；稍作调整，我便开始准备接下来几个小时的行程。我从包里拿出几份文件，然后把包放到行李架上。这一次我是去参加一场大型活动，我要讲一讲"社会记忆"的重要性。

演讲内容还没有完全准备好，我打算把要点记在闪卡上作为演讲提示。在演讲前准备闪卡还是有必要的，它可以帮助你不受短期记忆局限的限制。做笔记有助于你记忆演讲内容，在接下来的演讲中挥洒自如，但毕竟需要提前花时间去准备。所以这种记忆并非着眼于过去，而是放眼于未来，就像档案工作者整理各种文件一样，以便日后供用户使用。我整理好卡片便开始记笔记，全然没有理会周围发生的事情。列车从慕尼黑－帕辛站出发后，转入新建高铁线，速度不断提升，以 300 公里的时速平稳地驶向纽伦堡。准备工作进展顺利，比预想的要快很多。通常都是这样，我总是能够准备得更加充分，或许在卡片上再费一番功夫会起到某种安慰作用，或许大脑需要确认我一直在处理事情，或许还能额外获得一些演讲灵感。事实上，我的脑海中刚刚就闪现出一句话——注意看前边这个句子，"大脑"是主语，"我"则是宾语[1]——这句话我会在接下来的专题讨论会上讲到，具体是关于一位德国最重要的大脑研究人员是如何遭到一位美术史学家逗弄的。后边我们再来详述这事。

不过，现在我得再浏览一遍笔记，同时调整自身状态去适应这段波澜不惊的旅途。这种专注又让我陷入沉思，两种状态相互交织，感觉很是奇怪。自己在忙忙碌碌，同时又有新奇的想法闯入脑海，因为意识不会轻易被外界干扰，即使在时速 300 公里的火车上一般也不会发生什么事情。

"你能帮着照看一下我的包吗，小伙子？我要离开一会儿。"我猛然回过神来，这才注意到旁边坐着一位老太太。

---

[1] 因德语句法结构差异，译文表现并非如此。——译注

第二章　陌生：为什么我们之间的距离是一种关键资源

她笨拙地站起身，朝卫生间走去。这会儿我又注意到一位男士，他坐在我们四人桌旁正对我的位置，也靠窗，看上去压力不小，他正在往笔记本电脑里输入数据，显然是在赶时间。他身边有一位年轻女子，拿着荧光笔在一份复印材料上草草涂画。这两人好像也是听到了老太太的请求才注意到身边这些旅伴。那位办公男士迅速一瞥，眼睛就像在说"好的！"跟着又转回到屏幕上。那名年轻女子看了一下同桌的人，但没有任何目光接触。我也不打算说话，于是便不动声色但又是饶有兴致地观察起这几位旅伴。

在类似情形中，人们会留意自己的行为，这其实是在感知他人，只是不用参与其中而已。所以我们都安坐在那里，全然一副陌生人的模样，但这却并不是因为彼此无视对方，恰恰相反，而是彼此都没有忽视对方。

老太太回到座位上，真诚地向我们道谢。我报以自然友好的目光，一方面是要节约时间，另一方面也是要表明，这番感谢未必就是谈话开始的前奏。那名年轻女子（我猜应是一位学生）与我偶有目光接触，感觉比先前要更友好一些，可能是想表示她非常感激我没有引发对话。那位办公男士听得也很清楚，但是没有做出任何回应。显然，此时无声胜有声。

在接下来的时间里，同桌四人不经意间总有一些眼神交流，但也仅此而已。在某种程度上，一种共同的契约已然建立，即不打扰他人，而且这一点也无须言语表白。这种契约可以让人长时间友好相处，并且可以采用毫无风险的方式去应对他人。办公男士需要从女学生前边穿过，两人在狭小的空间内近乎完美地配合移动，在某种程度上协调一致，相互间没有触碰，无须低声辩白，单凭表情就使得协调一致成为可能。我忽然萌生出这样一种感觉：不用将注意力集中于他人，这种注意自然而然就会出现。人们经常会产生信任感，可是一旦说出来，这种感觉很可能就会转瞬即逝。

即使在某些简短的场景中说话在所难免，这种局面也不会有太多改变。例如，乘务员给我和老太太端来咖啡，我们都要跟乘务员简短交流以支付咖啡款；或者她把杂志拿到一边，腾出地方放咖啡，我以微笑表示感谢，她也仅用一个词回复，仿佛一字千金。

这一幕情景可谓司空见惯，还有什么值得讨论的呢？在这个社会中，我们可以不用怀疑太多而保持陌生感，而我们则很少去欣赏这一点。陌生感最初与威胁感联系在一起，因为我们无法评估风险，所以我们尽可能靠近观察，好比在生物学与进化论意义上谈到的恐惧的功能：特别注意管理那些未知的、不可预估的，进而会造成潜在威胁的事物。

然而，这里描述的情形却是恰恰相反：在冰冷的 ICE 列车内，四个陌生人围坐在一张桌子旁，但我们却并没有理由感到恐惧。这些陌生人固然素昧平生，但也并非不能了解。有时，有些人意图明显，或者动作手势颇具威胁性，我们仅凭本能准确而迅速地打量一番，很可能就不会让他们搭上我们的出租车。这种冷漠一直存在，但却直到这位老太太托人看管物品这件事发生才开始让我们察觉。

如果将进化意义上恐惧的功能和威胁感考虑在内，那么这恰恰不是一种自然行为。实际上这是遵循文明标准的结果（但却很难给予这种标准过高评价）：我们跟不认识或不想认识的人打交道，会发现他们的行为变幻莫测或协调一致，原因就在这里。实际上，我们四人一路无言，这绝不是缺乏社会关系的表现，而是表达稳固社会关系的方式。这种冷漠的社会关系普遍存在，在火车或其他公共交通工具上，在大街或公园等公共场所内，都有表现。

乍看之下，人与人之间缺少密切关联，也缺少相互关注（由此也就有了对现代城市生活丧失了旧世界的社会亲密感的普遍抨击）。留心观察日常生活，你会发现陌生人之间类似的场景在一幕幕上演：在地铁内，在人行道上，在电梯里，在超市里，在办公室里，或在顾客盈门的工作场所里。

但是，问题的重点并不在于频繁上演的这一幕幕场景，而是在于我们对此早已习以为常。在我们看来，在某种程度上，人们不再是一个个鲜活的人，而是一件件模具，或者是一具具躯体，抑或是一个个角色的载体，只是完成特定角色的无名之辈而已。我们认为这一切理所当然，陌生感和冷漠感为共同在都市生活的人们提供了基本资源。我们庆幸自己不需要认识工程师、机长、邮递员、垃圾清运工或药剂师。最终，我们才能有幸独处。现代生活尤其是城市生活的最大成就或许就在于不再直接掌控社交，转而由陌生感来加以协调。

这并不是要淡化熟人关系——事实恰恰相反。大多数社会关系在本质上都是陌生的，只有在这样的社会中，这种亲密和亲近感才会具有信息价值。为了尽可能寻求在社会中隐身，密切关系显得愈发重要。想一想爱情和伴侣的情感期望，这些在之前的社会中并不存在。对于少数关系密切的人，情感期望会增强，而对于其他人，这些期望则会降低。

我们千万不要把陌生感当成威胁感的先决条件，因为事实恰恰相反；比如，由邻里或警察强力施加的社会管控反而会给我们带来陌生感。在很多地区根本就不会出现这样的情

第二章 陌生：为什么我们之间的距离是一种关键资源

形，例如，在有些地区，警察形式的国家控制已经瘫痪，公共秩序已然失常；在还有些地区，合法协议却得不到履行。在像阿富汗或伊拉克这样的战争区域，抑或国家或经济秩序陷入危机的非洲某些地区，陌生感都不是一种资源，而是一种威胁感。这些地区所需要的资源就是强力社会管控。

这一点看起来很好理解。同时它还可以进一步强化"社会秩序会极大地影响其他情境问题的处理方式"这一认识。在现代日常生活中，各种各样的情境让人们彼此远离三分，或者在不同的情境中不断转换角色，人们对此早已习以为常。在上述危机地区的例子中，我们关注的是社会利益。这种关注是必要的，这样就无须再去彻底核查陌生的情境。正是考虑到这一点，救助组织会给前往危机地区的员工发放行为规范手册。其主旨就是：赶紧离开，这里不是你的家，不要信任任何人，事情不会像你预料的那样。

这时还能落个清静真是自在。但这种自在却是来之不易，很多时候这种特权都是脆弱不堪，这一点在我们身上显而易见。封闭社区设置门禁控制出入，其公共空间不向公众开放，这种社区在美国再寻常不过，但在德国也开始大行其道。只有获得授权的人才能自由出入，于是陌生人——那些并无恶意的陌生人也就被拒之门外了。当然，这并不意味着小区内的人们就彼此亲密无间。在慕尼黑就有这样一个封闭社区，那里的居民整天因为花园边界或停车位的事情而冲突不断。究其根源就在于，无关人员都得远离三分，这些无关人员貌似恶意十足，连参与冲突的资格都没有。

另一个例子则是停车场中设有女性停车位，旨在防范女性容易面临的危险——也是男性可能不会想象的危险。透过"女性停车位"这一标识，我总能看到陌生人的危险面庞，而不是他所能提供的资源。

ICE列车内危机四伏，法兰克福还遥不可及，我们四个人就那么坐在那里。列车行至纽伦堡，我们几个一路无话，其实体态语言早已尽显其能。在这种环境里，大家的胳膊腿脚少不了磕磕碰碰，险象环生。目光偶有相聚也会迅速移开，每个人都得体地保持着彼此之间的距离。

这会儿，那名女学生和那个老太太都已安排好携带物品搬运事宜，显然是要在纽伦堡下车。列车到达纽伦堡中央火车站，两人都起身而立。老太太试图从上方的行李架上取下一辆手推车，还没等我起身相帮，女学生就从她手中接了过来，顺势碰了一下办公男士的肩膀，女学生友善地笑道"再见"，而老太太则说了一声"旅途愉快，先生们！"跟着她们就朝出口走去。

从这一意义上来说，这种既无约束力又无风险的交流表明我们是自相矛盾的陌生人：这些陌生人彼此相识，至少在某种程度上都知道对方的行为方式。我们通常只是看到别人这样，但我们自己也是如此。这种情况下应该怎么做，我们都很有把握。我们会主动这样去做，但我们会遵循约定俗成的模式并满怀期望，而这些期望在我们看来则并不是社会期望，我们装作是自己。其实我们就是自己。

我们在火车上的举动表明，我们就是社会的缩影。社会秩序并非游离于个体之外，而是浓缩于我们每个人身上，我们都是社会稳定的媒介。我们四个人围坐在ICE列车内同一张桌子旁，都在维持那种确保彼此陌生的秩序——与此同时这种外部秩序也在通力协作。

我们一生中的大部分时间都在自己身上实践社会秩序。我们终身都在学习，我们关注成功的行为，我们体验偏离正轨所带来的耻辱和尴尬，我们实行协调行动的策略，我们习惯于失望并解释自己决定的必要性。我们都在关注自己的行为是否会得到社会认可，这就是社会秩序所在。所以我们都在约束自己的行为，我们在ICE列车内的举止反而创造出了一种通常可以相互依赖的秩序。

列车刚刚启动，两位男士就在我们身旁的空位上坐了下来，看模样都生于 1940 年代后期。两人举手投足极为夸张，成功人士的自信表露无遗。见面伊始，两人谈话就很投机。听得出来，他们正在关注一桩公司兼并案，两个人热火朝天地讨论着兼并计划实施过程中遇到的重重困难。一个人认为，某个部门的主管"一无是处"，所以那个部门不得不关闭。另一个人则表示，那名主管操刀设计了这一兼并计划，不可小觑。

这时，两个人注意到了坐在一旁的我和那位办公男士，他们相互递了个眼色，然后又接着聊了很长时间，中间因为接听手机而时有中断。在此期间我已经准备好了笔记，查看并回复了电子邮件，已是略感疲倦。

这两个人聊得如此投机，也不顾忌其他乘客是否会听到，这一点也折射出了现代陌生感的另一层面内容。显然，我们认为在公共空间中，我们的所作所为相对不会引起他人关注。如果是在他们公司的餐厅，或者是在表现活跃的行业协会的会议上，他们当然不会坦率且自由地发言。但在列车车厢内，他们的谈话内容并无信息价值——因为任何人都能听到，所以即使别人听到也无妨。

乘坐公共交通工具的人都有过类似经历，大家对此早已习以为常，安之若素。但是，先前两位乘客共同保持沉默，为人认同；而这两位商务人士高谈阔论，却是无人欣赏，这是很有必要的。在这里，一个稳定的架构已经预设完成，对注意和非注意进行了高效的管理。

人们可以清楚地听到这两个人的谈话，但要参与谈话却是不合时宜的。就他们谈话的内容，我可以说说我的想法，并自认为还是有些道理的：兼并计划事无巨细，引发激烈反应是正常的，两家兼并公司的发展势头也不会受该计划影响而停滞。因为你不能依靠公司大多数人做出决定，所以你要拍板决定有关计划和架构内容。这就是为什么在森严的等级体系内，那些"一无是处"的人始终高高在上的原因：计划由他们拍板确定——但是由于计划没有得到恰当的实施，这些"一无是处"的人的地位也就只好降低。

顺便说一句，不只是在两家公司里是这种情形，在大学里，改革也只是择其能改者而改之——不多也不少。所以这是一个很好的论点。同时，参与对话也是一件不可想象之事，对深谙教学之道的大学教师而言同样如此。这样会逾越非同质资源的本质，这种资源使我们在现代日常生活中，即使身处喧嚣，也能做到不为所扰——就像这两个人在你面前极尽夸张，或许令人厌烦，但同时却也发人深省。

当然，总是会有一些人横加干涉——特别是在与陌生人同处尺寸之地内时。但这只是情形有变而已。假定我像一位教授那样参与其间并大加评论，即使我的观点全都正确，这两位先生也定会不堪其扰，认为我在干扰、干涉乃至冒犯他们。这样一来，他们无论如何都不可能在谈话过程中再营造一个社交空间——想听想看随你便，但就是不能参与其间。

特别是在这种情况下，陌生感可以清清楚楚归结为一种资源。这种资源创造了所谓的现代社会的城市风格。顾名思义，城市风格是一种共存形式，历史上主要在城市出现，万物在此汇集，而且必须相互包容。如今，城市风格已不再局限于城市。陌生人不是外星人，人们只是想要猎奇，但又要在某种程度上恪守城市中的普遍规则：可以无限靠近，但要保持冷漠；可处盈尺之地，但要保持距离。就这层意义来说，在这趟开往法兰克福的 ICE 列车内，在这张四人小桌上，城市风格同样展露无遗，连赞同都可以心神意会，还有什么威胁感可言。

城市资产阶级有权利不被打扰，这也是城市风格的源泉。只有在城市里才有机会见到众多陌生人，而且也没有人会带来威胁感。只有在城市里你才能真正不为人所扰，因为无关人等实在太多。也只有在城市里我们才不会成为关注对象，因为我们彼此都是陌生人。我们渴望不为人所扰，他人同样如此。每个人的行为都要得体，不要影响他人。城市风格源于内部监管，而非外部监管。

但必须保守一份陌生感。我们要做到目光冷漠，不理不睬，视而不见，承受关注，体验失落，这些都是我们的身体、内在注意力和自我意愿的反映。作为一种实践，城市风格在于人们之间行动的相互作用，而最有效的做法就是无为而动，区别性地漠然处之。我们四个人围坐桌边，轻轻松松就做到了这一点。

社会需要允许人们拥有不为人所扰的权利，这种权利在多大程度上能够得到保障可以最终用来作为现代性的衡量标准。匪夷所思的是，一直以来，陌生感和距离以及冷漠和情感中立都含有丰富的潜台词，而人们则对此极为排斥。现代乌托邦社会的历史不乏各种叙事，而且都假定了陌生感和冷漠的对立面——左的右的皆是如此。国家有亲善的需求，需要找出潜在的同志，或者至少是同胞。各种形式的劳工运动都期望人们精诚团结，而且这些人最好既不相识，也不相爱，只要抽象的阶级立场相似就可以。在民主社会中，对人民的统治是借助于构想中的公民社区来实现的，公民遵循市民规范，团结一心，认同并非源于自己信念的决定。无独有偶，欧洲目前正在尝试创造一种共同体认同，以推动欧洲继续前行，这种认同会让陌生人成为自己人，其中至少要有新世界主义善意的思想意识形态，让人们不堪回首自己的殖民历史，用左的思想武装他们，鼓动被奴役的人们（也包括所有陌生人）团结起来，共同创建人类大同社会。

在这里，我很乐意进一步申辩：我反对这些共同体意识形态，因为它们多少有些自相矛盾。我只想再强调这一点：要把陌生感当成一种资源。围绕这一点，我不想再去打口水仗，我还是想强调社会乌托邦论点的框架。现代性与团结性的意识形态协同作用（替代先前的共同体和承诺）并为其提供令人同情且至今仍在沿用的模式（至少对全人类中那些受到影响的团体而言），这无疑表明，类似形式的接近性和共同性已很渺茫。

19世纪的欧洲社会变得更加复杂：经济和政治、科学和宗教、教育和家庭使得各民族各国家更加独立，民族和民族国家的理念应运而生。空间及社会流动性增加，个体生活起伏不定，不再明确由其工作变动、群体及宗教信仰来决定。这些都需要社会成员之间保持各种形式的漠然和陌生感——每个人只要管好自己的事就行了，每个环节都可以不再受制于外界的控制。

城市生活方式逐渐演变，既各有特色，又彼此相轻，但最终还是相互容忍。在城市中，多样化的举动紧密结合，互相关联，实时互动。权力乃至情欲充斥其间，由此城市演变成为现代化中心。

城市内部在经济与政治、教育与艺术、科学与宗教、风格、观点、生活方式等诸多领域都有所不同，所以很难保持同步发展。因此，在城市中总能看到各种标识和标语。公共领域由此得到界定——从对他人的可辨别性以及拒绝交流所造成的长久危险性来看，它是一种矛盾，也是一种社会不平等的体验。贫富差距在减小，国家及国民经济现代化建设节节胜利，人们选择报酬丰厚的就业岗位，新型生活方式由此得以发展。

事实上，在现代社会中，大多数有组织的团体都没有忽略陌生感这种资源，而是在消费这种资源。这样一来，福利国家所支持的也就不是那些它具体了解并且赏识的人们，而是那些没有什么声望的普通受益人。比如说，一个人的房子烧掉了，他不会去向邻居求助，因为他需要跟邻居培养一种紧密共生的生活形式，不容任何闪失。他会首先向消防队求救，而后是保险公司。一般而言，这种受损个体的保险精算集体化就是一个典型例子，可以说明如何将匿名性和陌生性用作资源。在这里，包括他在内的所有人就是在进行精算——采用计算机科学家计算保费额度的形式。从国家当局,如行政官僚机构、警局、社会救助机构、青少年救助机构那里,我们公民会期望那些基于"道德匿名"的行为。底线就是:社会团结建立在陌生感之上——而这也正是要把陌生感作为一种文化资产加以保护的原因所在!

我有两个博士生,她们一个来自中国台湾,另一个则来自日本,但都是富有同情心并且天资聪颖的年轻女科学家。她们接受德意志学术交流中心奖学金项目资助,在我的指导下学习两年同时撰写博士论文。她们的报告中不约而同地提到,在德国经常会讨论"疏远"这种资源。显然,国家官僚机构更加关注的是他国国民而非本国公民,其举动有时令人匪夷所思。我在15岁时成为德国公民,之前我还是一个所谓"邪恶轴心"国家的公民,所以我对这一点深有体会。两位年轻女士在报告中提到的就是偏见和无礼,我们在与"未知"的陌生人接触时经常会遇到这两个问题。她们通过观察各种人群,尤其是男性群体,甚至是自己的同学,发现了这样一个事实:在德国,她们亚洲人只有通过跟欧洲人结婚或者在这里工作,才能养活远在亚洲的家人。

在这个例子中,我们可以清楚地看到,社会上有些群体并未从陌生感这一资源中获益;而人尽皆知,少数民族个体

第二章 陌生：为什么我们之间的距离是一种关键资源

身上会很自然地表现出一种陌生感。我的两位博士生在报告中指出，他们无法保持"隐身"。

但是，维持城市风格靠的就是这种"隐身"。如果秩序丧失，匿名身份公开，城市风格也就岌岌可危。城市中涉及种族、性别和文化等方面，少数民族的情况是最好的，因为尽管他们很显眼，但却并没有人关注他们。在城市生活中，人们之所以可以旁若无人般地生活，恰恰是因为他人就在旁边。在城市里，你无须刻意观察，因为人们总是在守望。如果只能通过部署警力和监控探头，通过规避危险地带以及同化与隔离的方式，城市秩序才能得以维持，城市还会继续存在，但是城市化却将消失殆尽。

城市风格的维持有赖于社区限制和外部控制缺失。然而，如今的城市对社区和外部控制的依赖却是与日俱增，这对城市风格构成了最大的威胁。检验城市风格的试金石就是考量一座城市能够容纳多少社会不平等现象，群体多元性有多大，能否让移民、性别弱势群体、残疾人和外表怪异的人保持陌生且不那么显眼（但他们要能被社会所容纳）。城市风格并不只是一种理念或理论，也不只是一段崇高而又规范的话语或者是一个概念。城市风格需要我们亲自去实践。

这种被我们视作资源的陌生感在这趟 ICE 列车上清晰

可见。我环顾四周，发现从本质上来说，我们这些同路人之间及他们之间都是陌生人，每个人立刻都会对眼前的陌生人进行一番勾勒，做出一番假设。我自己也将同路人描绘了一番：在纽伦堡下车的那位女学生手里拿着复印资料和荧光笔，年龄和行为习惯也吻合，就在某座大学城学习生活。那个老太太像一位奶奶或外婆，正要去看她的孙子孙女或外孙外孙女。至于在笔记本电脑上忙个不停的那位男士——我们尽可开启脑洞，想象他在做的各种事情。还有那两位成功人士，我也可以想象出他们的生活方式、住房类型、家庭状况，甚至还能想象出他们的娱乐活动或所开汽车的牌子等。这种陌生性使我们能够做出假设（这些假设并不需要十分准确），而这种不成功的假设则多少都会有助于我们与他人打交道。

当今社会是一个选择性接触的社会。在这个社会中，所有的不平等现象都完美地得到缓解，诸如用户界面之类的东西已经自然而然地建立起来，从而使对方变得真正陌生。很多东西只有在表现出来时才会成为需要解决的问题。例如，只有当我们靠近观察某一人群某个方面的特征时，不平等的后果才会清楚显现。那些喜欢生活在自身"移民背景"中的移民就是一个例子。他们的一举一动都使得自己的移民身份格外凸显。可以设想，与一对异性伴侣相比，一对同性伴侣的同性特征似乎要更为明显。残疾人、变性人或修女都是一目了然。而身穿特征显著的上巴伐利亚服装的人则很可能会被当成啤酒节上的服务员。

如果你选择从这一常规用户界面幕后走到台前，就像打开一本书，一切尽览无余，与我们同时代较为传统者相比就会显得有些另类。或许正是如此，这个社会才可以承受这么多的不平等和不公正，因为它依赖隐形性，而不是可见性；依赖陌生感，而不是亲密性；依赖距离，而不是亲近。

像我们这样的"车厢四人会议"平淡无奇，每天都在无数次上演。尽管我们四人可以感受到团结一致并拥有共同兴趣，十分亲切，但如此漠然相待却也是事实。这是因为我们在社会中早已习惯保持这样的距离并将距离当成一种资源。但在现实中我们之所以能这样成功彼此相待，只是因为我们做到了在陌生人之间保持团结一致，与陌生人建立一个表象上的共同体，并维护陌生人的共同利益。

也许这是欧洲特有的一种模式，这一模式与那种被误导的、强迫性的、暴力性的欧洲共同体意识形态的经历相关，是现代欧洲社会出现的前提。也许我们应该为欧洲保持这一成就感到自豪和自信。世界各地有很多社会都在不断尝试建立更强大的共同体（如宗教共同体、政治共同体、民族共同体或文化共同体），其动机都可以追溯到19世纪。对未来而言，我们不应该再去大肆兜售共同体的观念，而是应该去普及陌生感的观念，但我并不希望通过颁布法令来实施这一点。

无论如何，我都不想再支持欧洲失败主义思潮及其相应形式的自我否定。全世界似乎都对这种形式趋之若鹜——如果说在伊朗等国家发生的政治抗议活动是受这种欧洲模式所驱使，这也不无道理。首先需要做的是不要去干预这种资源，从欧洲模式的成功这层意义说起，就是不要去考虑文化的特殊性和差异性。仅仅依靠文化差异并借此解释相应差异，是思想懒惰之举，甚至还会无法真正领会这种欧洲模式的潜力。而在另一方面，推行文化绥靖政策则要轻松得多，并且非常宽容。

现在，桌子旁边的两位成功人士停止了交流，都埋头在自己的笔记本电脑上工作，偶尔还会简短地打上几通公务电话。同时他们也会三言两语地交流一番，话题并无关联。他们几乎没有注意到我和那位办公男士，我们也是如此。在这一点上我们非常默契，我们可以自信地把这种现象称为陌生人之间的团结：人不扰我，我不扰人。这样，我们或许就可以成为好朋友。从我们的角度出发，如果社会上人人都是朋友，那么友谊也就不复存在，除非多数人都在原则上保持陌生。

我们没有机会确定同行的乘客是否有望成为朋友，因为火车已经到达了这座银行业大都会，我们四个都得下车了。告别仪式无言而友好。而在下车的那一刻我们就已经忘记了一切——至少也是已经开始忘记。

第三章　意志：为什么我们可以在个体与社会的夹缝中游刃有余

我的这场演讲被安排在法兰克福的一场展会上进行，题目是"赞美遗忘"，我的核心观点是记忆既非真正的记忆，也非往事的储藏室——我们用它来记住各种场景，以后再遇到类似场景，只需从记忆中发掘匹配的场景即可。因为果真如此就可通过这样一个橱柜来核查记忆的真相——我们可以这样问："每个记忆片段在这间储藏室中是否都有与其对应的实体？与其本来情形相比又是否一模一样？"

围绕记忆的公开辩论通常也都是在这一层面上进行。但有一点我们并不清楚，那就是我们在回忆时其实并没有去检索存储内容，而是在去映射当下的具体情形。由此说来，回忆并不是全部或部分地反映过去，而是重新创造过去——"当前过去"。

这样说可能不是很清楚，我在演讲中举了一个例子：我们在回忆往事时是如何记住这些往事或者全部生活经历的

第三章 意志：为什么我们可以在个体与社会的夹缝中游刃有余

呢？又是如何讲述并描述这些往事的呢？至少应该是结合当前的现实语境吧，比如说当前的情绪、意图及愿望，当前的兴趣及目标，特别是讲述中涉及的对象，这也是往事本身所决定的。此外，这种方式也会使得这些叙事和描述本身变得更加可靠，与当时的情形更加吻合——可能比"现实"本身还要准确，否则我们的描述中根本就不可能包含现在的内容。

就像回忆爱情伊始的情形一样，一种是两情相悦，修得正果；另一种则是分道扬镳，各奔东西。在这两种情形下，"同一"事件的含义截然不同。在第一种情形里，恋人们的回忆应该充满浪漫气息和情欲纠缠，两人沉溺于二人世界，外界无从体会他们私密的语言。但在第二种情形里，回忆立刻就会变得尴尬苦涩。现在看来，哪个版本的讲述正确呢？你恐怕说不清楚。这一点着实令人兴奋。你可能想说，它与过去的事实相吻合，或者说，正是因为有这种吻合，其表述才让人难以置信，是吗？

这个例子表明了两点：（1）记忆具有或然性，也就是说，记忆无法简单地反映某一段过去；（2）一切活动皆发生于现在——听起来这全是老生常谈。我们总是在现在回忆过去，也总是在现在憧憬未来，既然现在总是在变化，那么未来和过去也就会相应变化。可以说，未来情形相比过去情形更合情理，因为未来情形似乎变数颇多，而过去情形则已然定局。但最终来看，在讲述往事时至少可以假装抱守真实，可以说过去情形更合情理。

接下来我在演讲中脱离传记学角度指出，国家、社会、城市、公司或大学也都保留各自的记忆，而且往往会有数个版本且不能假设其中只有一个是正确的。然后我提出"赞美遗忘"，即为了更加充分地理解记忆，有必要进一步密切关注那些为了能够更合适地记忆而必须掩盖的内容。所以我请求改变范式，不是要保存记忆，而是去删除记忆。

我想首先强调这一点，即最终看来只有现在才是重要的，我们所做的一切都是在现在中进行的。最终，我们会惊讶于自己的现在——我们只能选择现在行动起来，而不是囿于自己的实际行动中。

随后的讨论非常激烈。第一轮讨论中就有人发起猛烈攻击："你就是一个老学究，你的观点东拼西凑，完全不负责任。这就是德国，说到否认过去，推卸责任，个个都是老手。"之后的发言人也表示赞同："他们这些人为否认大屠杀的人提供知识理论基础，他们在为那些打算推卸责任的人开脱。"

第三章 意志：为什么我们可以在个体与社会的夹缝中游刃有余

我应该如何进行反击？当然，我并不在意那些历史怀疑主义者冒出来的"否认责任"之类的妄言。但是，所有的否认和供认都有缺点，都会留给别人指责的口实。由此我发现，在德国听众面前在描述过去时必须具有实时性和针对性，只有这样才会引发这种自发反应。如果真的没有这些争论，反倒会让人紧张。显然，人们在记忆时总是会千方百计地去填补记忆的期待空间。有时，这些期待也会具有约束力并可进行预测，就像礼仪规程那样毫不含糊。

行文至此，我想起了一桩丑闻。距今二十多年前，1988年11月10日，德国联邦议会主席菲利普·耶宁格（Philipp Jenninger）打算在联邦议院纪念所谓的"水晶之夜"事件[1]。耶宁格发表了一段演说。他从小人物的角度出发，极尽措辞，指出在日常生活中可能会发生一些非同寻常的事件，而这一点则丝毫不足为奇。在演讲过程中，耶宁格表现得幼稚无比，其旁征博引也没能博来眼球。公众震惊不已，耶宁格的政治生涯也在24小时后便宣告结束。

很明显，他犯了一个大忌。他没有遵守常态和惯例选择

---

[1] 又译"碎玻璃之夜"，指1938年11月9日至10日凌晨纳粹党员和党卫队袭击德国全境的犹太人这一事件。这被视为对犹太人有组织的屠杀的开始。——译注

从加害者而非受害者的角度去发表奇谈怪论，这真是糟糕透顶，而且令人费解。他是议会主席，在讲话中需要维护政治话语规范，而他却反其道而行之。他的回忆具体生动，触动了人们最深处的记忆，这是政治体系的无形架构。耶宁格的确没有回忆那些虚假甚至不合时宜的事实。他彻头彻尾而又天真动情地讲述了纳粹德国日常生活的故事，在我看来，这要比在通常的国家仪式演讲中听到的更加真实，更加令人兴奋，从而也更加令人担忧。最终他一败涂地，因为他没有好好想想如何把记忆置于具体情形之中，因为记忆总是发生于现在并取决于现在。

顺便说一下，那些众所周知的大屠杀否认者们总是能够厚颜而又熟练地使用这种技巧。这并不关乎1940年代的历史事件，而是关乎现在，关乎一场话语权的争夺战。

后续讨论话题主要集中在如何制定适当的纪念标准和如何避免同一事件纪念方式不同这一问题——这既涉及个人传记层面，又涉及社会记忆形式层面。我一再强调，这一切只会使人们认识到，所有的事情总是发生于现在，而这些不甘等待的行动则只是部分透明，因为我们总是身处其中。与此类事件一样，稀缺的时间决定了所发生的事情。一位友好的主持人感谢了所有参与者（尤其是我），然后宣布短暂休息，

第三章　意志：为什么我们可以在个体与社会的夹缝中游刃有余

之后将会在同一地点举行一位大脑科学家与一位美术史学家之间的讲台对话。我对这一对话早就翘首以待了。

午餐时间，我选了一些小吃，找了一张桌子坐下，第一个向我发难的那个人也在那里，他重申，人们往往只是盯着纪念的形式结构，而毫不顾及对所纪念的事情所担负的道德或政治责任，他无法接受这样的事实。他在这里老调重弹，我替他感到同情。我现在才意识到这个问题迫在眉睫。显然，这个年轻人认为，不论是他的道德-政治角度观点，还是我的社会学-科学角度观点，都是合情合理。

我试图采用如下方式将我们的立场结合起来：两种不同的观点背景最终发生在不同的世界中——一种指向集体意义上的恰当、概括、准确且正直的记忆和记忆形式；另一种则指向记忆的认识论结构，完全独立于记忆的内容及其讲述方式。这两种观点分别立足于政治和科学角度，它们既不能相互认同，也不能相互替代："就好比你在回忆的时候可能会出现不同的版本，比较政治家和科学家发言的立场，你也会得到不同的版本。两者彼此彼此，但都客观存在。这是一种社会现代性的体验，历经长达数个世纪的努力，才让这些发言人之间能够和平或至少冷漠共处。"

看到他对我的此番解释并不买账，我又提到一点，如果事情不像纪念纳粹往昔那样在政治和道义上饱受指责,那么这些事情可能也就不会有爆炸效应,他顿时恍然大悟。最后,他举了一些例子,说明在家庭或工作生活中,类似的记忆差异屡见不鲜。我们的谈话开始变得非常友好,到谈话结束时,我意识到这个业已开始的小组讨论令人满意,并期望在讨论中能够再次出现类似的话题。

告别之后,我回到大厅,对话场地已重新布置停当。我在大厅靠后边的位置找了一个不起眼的地方,听主持人介绍台上两位嘉宾的情况。

两位嘉宾先做了简短陈述。那位大脑科学家强调说,从生理角度来看,画面感知、图像视觉和视觉刺激这些语义信息加工形式,会比语言或文字等任何其他形式更能给人留下深刻印象。因此,他虽然从事的是大脑科学研究,但对美术却是别有兴趣,美术赋予我们图像知识、审美体验和文化空间,而这些单凭文字和语言可能都无从欣赏。从大脑研究者的角度来看,如果想了解我们的世界的运行规律和我们自身的经验,必须进一步重视视觉及审美体验。说到这里,那位大脑科学家转向现场听众,让他们思考自己是如何记忆的,思考时又做了些什么。主要还是图像,其次是语义抽象。这些都可以轻易浮现在人们的脑海中,并可借助大脑活动和进化论来进行测量。

那位美术史学家依样画葫芦,没有跟这位大脑科学家对抗。他也强调了审美经验的重要性并指出文化研究需要有一个标志性的转向,要克服对图像和画面感知的系统性低估。我们的文化将会是视觉文化,而不再是字形文化——在城市日常生活中,象形图比比皆是,即使在科学交流场合,信息也是大量以视觉形式呈现,尤其是在电视和互联网上,图像的意义毋庸置疑。

我开始坐立不安,讲台上的对手竟然在相互唱和。现在唯一的线索是,现代思想史不能简单地重构为一部依托文字(逻各斯)和确切理据的历史,而且它也绝对不是一部依托理性解释和逻辑结论的历史。相反,审美经验一直都是真实的,至少是对现实世界的一种平衡手段。

"从席勒到阿多诺,从歌德到浪漫主义,从尼采到后现代主义,审美经验总是作为一种明确的手段来平衡充分理由之中的冷漠理性。从某种意义上来说,美好生活需要审美理性!"接下来,真正的辩论开始了,我也搞不清楚是谁先开始的,但这已不重要。就眼前情形来看,现在只需借用歌德的"眼睛如果还没有变得像太阳,它就看不见太阳"来协调自然和人性,根本不需要进行小组讨论。

但一丝斗志还是需要的。美术史学家和大脑科学家毕竟还是要依赖思想的。接下来,大脑科学家举了自己的大脑研究(特别是其以文艺栏目为基础的普及型变体)为例,以说明通过图像来开启大脑研究是合理的。肉体—灵魂问题是一个老生常谈的问题——不说别的,单从审美层面来说,这个问题还包含这样一个事实:身体是肉体的、可见的、有感官体验的(这也是我们能够感受的原因)。虽然灵魂和意识是感官体验的主体,但灵魂和意识无法在感官上体验,而是深深地隐藏起来。现在有了大脑研究,我们看到了图片(大脑的图像),但大脑另一面不可见的活动的图像还有待获取。在图片中,大脑区域被高亮显示,色彩斑斓,节奏丰富,美丽纷呈。那位美术史学家解释说,这表明大脑研究必须像所有其他文化领域所做的那样传播其内容。这并非巧合,因为他们并不是单凭自己的观点,而是还会借助图片来营造其合理性——不仅在普通大众中,而且也在他们同行面前。

这不失为一个巧妙的解释。跟所有的成像方法一样,在这里只是呈现了一些图片,什么也没有多说。大脑中那些色彩缤纷的区域并不存在,它们只是某些过程的反映。同理,心电图曲线也只是心跳的反映,我们习惯于去读这些图,因为我们害怕在心电图纸或屏幕上看到突然出现大片不正常的迹象。

我感觉那位大脑科学家随后在两种反应之间摇摆不定。一方面，他对自己的大脑图像被怀疑是美术作品而感到高兴，他自己也承认这些图像很漂亮。另一方面，他又为自己辩解，稍微展开谈了谈自然科学并不是要为自然界画像，但是最终结果则取决于所采取的方法和过程。

在讨论临近尾声时，两人的表现颇为诡异。美术史学家好像想明白了，开始大加批判，坚持灵魂和意识的不可见性，进而否认大脑研究在这方面能有用武之地；大脑科学家好像也想清楚了，认为只有采用正确的方法才能获得正确的结论。对于事情的最终意义究竟如何，两人都没有给出明确答案，这样做很明智——由此可以明确哪些事情可以通过科学方式呈现进而寻求科学解释。

随后到了令人激动的环节，讨论面向小组群体开放，这也是迫使大脑科学家在讨论中明确表明其自身立场的原因。一名小组成员表示非常失望，他想问一下这位大脑科学家：美学体验是否纯属生物学研究内容？美学体验及其质量是否可以真正归结为纯粹的大脑生理学研究内容？

"是的，这正是我今天讲到的方法。事实上，我们认为意识和经验是大脑活动的结果。但这并不会削弱审美的经验价值，因为人们完全是在按照大脑假装的方式来体验审美。因此，从主观上来说，在你内心深处，你不会看到大脑，你看到的只是你自己和你的经历。但据我们发现，这种内在思考是大脑的功能之一。能说这不合情理吗？你感到身体舒适，这也是完全不可见的控制系统发挥作用的结果，它可以主观地调节血压、脉搏、呼吸甚至是瞳孔缩放。你只是感觉舒适而并未留意到这里的控制循环信息。"

这一回答并没有安抚住提问者："你不是在拿审美经验和我们的意志去跟影响我们生命功能的植物性神经控制进行比较吧？""不是。这是另一种机制，但也是一种机制。我确信，事实上，我们大脑活动中特定的人类意识活动不仅可以解释，而且可以直接追溯到这一源头。"

另一位小组成员对第一位发言者表示赞同："我对我的所作所为负责。我不是自己大脑的傀儡。它们所呈现的都是负责的人、自我负责的人、能够进行道德判断的人的结果。"这位发言人说话尖锐刻薄，这种阵势，那位大脑科学家见过多了，他平静地应对道："我根本就没有跟你，也没有跟我自己谈这种自我关系。从自我的角度来看，即从他们以及我内在的角度来看，我们实际上是我们行动的发出者。那种自由及自主的意志，包括恰当的审美经验，是一种文化习俗，

第三章　意志：为什么我们可以在个体与社会的夹缝中游刃有余

这种文化习俗已经由历史证明并让我们的生活变得更加轻松。但从大脑的角度来看，我们必须假定大脑活动与行为之间有一种确定关系。"

大家开始有些愤怒。关于这个话题的讨论总是会以自主权、自由意志、自然与文化研究之间的强烈对立，以及对明显不负责任的大脑研究的指责等问题结束，进而又会引发对不道德问题的讨论。内疚、犯罪，以及纯粹不当行为都被相对化加以处理，个体事先就被团体化并被无罪开释。

其实在我的演讲结束后，我就已经从讨论中了解到了这个论点。讨论会的趋向已然清晰可见，我和我的大脑都想一撤了之。正好，我事先已跟一位来自法兰克福的同事兼好友约好共进晚餐。于是我就离开展览中心，步行回到不远处的宾馆。我想稍微花点时间去参观一下近处的施泰德博物馆（Städel Museum），并留出更多时间在晚上与好友见面。

在博物馆里，我可以把一切都抛之脑后，尽情欣赏展出的作品。有两幅油画特别吸引了我的注意：一幅是文艺复兴时期佛罗伦萨画派波提切利（Botticelli）在约 1480 年创作的《女性的理想形象》（Feminine Ideal Image），另一幅则是三百年后由蒂施拜因（Tischbeine）创作的著名的《歌德在罗马平原上》（Goethe in the Roman Campagna）。这两者都是肖像画，也都没有描绘主体的外形，因此这里产生了一种附加意义，但却又极其难以名状，只有通过仔细欣赏才能最终领会。波提切利的"理想形象"并没有还原一位真实女性，而是仅仅呈现出一副近乎神秘的外表，这种完美预示着理想永远只能是一个形象。而那幅诗人王子[歌德]的著名肖像画则曾无意间触动了玛丽莲·梦露的思想。这并不是关于这位前往意大利的旅行者的自然主义写照，而是关于他的天才的理想化表现。这两幅画作都显示了只能在画面中显示的内容。而我与梦露则似乎能够隔空对话，触动我们的首先是这种图形信息，而非语义信息，因为歌德与梦露之间并无多大关联——除了桌子上安迪·沃霍尔的四色版歌德作品，以及展现在梦露眼前的这个系列中最著名的版本。

显然，这两位小组成员的观点都是无懈可击。图形更能真实反映现实，传递语言所不及的某些信息（单凭解释说明可能力不从心）。不管怎么说，我的大脑非常钟爱这两幅名画，而且似乎受到了什么刺激，重又活跃起来。我再次回忆起刚才讲台上的讨论，特别是随后与听众的交流。

当今的大脑研究应对美术史学家提到的问题绰绰有余：采用可视化方式去描绘一度被认为是最无形的部分。现代病理学之父鲁道夫·魏尔肖（Rudolf Virchow, 1821—1902）

第三章 意志：为什么我们可以在个体与社会的夹缝中游刃有余

医生说："我解剖了许多具尸体，但却从未见过什么灵魂。"这也许是科学家可以用手术刀剖开整个世界的范式化和自信的陈述之一：之前这个世界还被认为是绝对安全的，现在则变成纯粹的猜测。同样，据说苏联第一位进入太空的宇航员加加林曾宣称，他没有在轨道上任何一处遇见上帝。

现在，大脑研究似乎可以让我们看见以前看不见的东西，甚至是被视为不存在的东西：人的灵魂，人对神的思想的终极领悟，以及世界的一体性。大脑归根结底是一种感知器官，倾向于肯定大脑自己对于世界的假设，因此人们才会对自身的内在关系寻求一致的自我描述。然而，从大脑科学家的客观化外部角度来看，这些都是幻想——有用，但却不现实。

当然，你可以从中想象出一系列有意思的冲突。讲台上的两位对手非常聪明，他们竭力表现出了常见的"神经爆发"[这是我的同事、大脑研究员恩斯特·波佩尔（Ernst Pöppel）针对这种时间现象所用的表述]，即便如此，他们在讨论中也没有机会逃避自我。人们的自我描述在我看来似乎很合理，但大脑生理学的叙述却又似乎与之有太多矛盾。

大脑科学家发表这些措辞强硬的观点（其中有些内容特别涉及他们所从事的人类主观自我关系的哲学问题研究

的影响），在我看来，这只会让我更加确定，他们自己并不知道，早在大脑研究开始之前就曾有人提出无条件自由意志的设想。在未来最可怕的灾难中，没有什么力量能比我们的思想更不可小觑。这一运动绝对不是现有大脑研究的一种表现，早在 12 世纪，法国学者彼得·阿伯拉德（Peter Abelard）对此便已有所探索。

我们其实并不能真正控制我们的思想，这个问题也是由来已久，甚至可以说它是所有宗教经验的基础。神学语言中有"无效性"的说法。这种经验也是一种大脑研究。如果你想在宗教意义上认真思考这个问题，你可能不会把大脑当成一种反对灵魂和意识的物质材料，而是会说这两者都是它所创造的部分产物。我们发现自身既存在于物质材料中，也存在于概念中，可以说：少于我，但又在于我。

这幅概念图确定了与该主题相关的整套现代欧洲哲学。康德关于"我思必须能够伴随着我的一切表象"的设想就是基于这样的方式提出的，在这里，并不是简单假定一个"我"，而实则是，意识活动只是实际表现，所以它本身是无用的："我"在"他"自己身上找到"他"，因此也就没有机会跟"他"自己那样再指称"他"。在这里，意识总是自认为是一种自我形成的意识，实际上这是有理据的——

比如，执行者在实施一项活动时，并非简单做出假定了事，而是还要成功地去完成这项活动。

另外，意识存在于相对于其自身并不完全透明的现在。我们对自己的存在多少都会感到惊异，因为在此现在之前，人们只是在等待。在哲学传统中，人们把这个问题视为无限追索的问题。如果有一个"我"想要感知，这个"我"背后必须有另一个"我"，而这样一来又必须再假定另外一个"我"，如此反复。这就需要为这一无限的问题寻求理据，直到假定一个超验的"我"为止，这个问题才会迎刃而解——有些东西看不见，我们对其又熟悉又陌生，从而给了"我"一种特殊且无形的尊严。

我并不想去探究这个解决方案的不同游戏类型——只有下面这一点除外，即今天我们会更容易遇到与时间有关的问题。这个"我"在自我感知的过程中，总是期待从一种感知存在进入另一种感知存在。同样，在这方面，我们总是对我们的不甘等待感到惊讶，而对此我们则发现自己根本无法逃避。因此，自由意志的设想也必须假设我们想要的东西不再需要了，因为我们被困在自己意识活动的时间进程中而无法逃避。然而，我们意欲要做的事情可以追溯到意图，但对我们而言意图却可能并不透明，因为它们发生于现在，如果从长远来看我们只会对它们更加惊讶。

所有这些都已经从意识哲学的不同游戏类型中可以得知——尽管接受这一点往往需要假装意识是一个透明装置，想什么就会有什么。今天需要强调指出的是一种不可思议的现象，即我们被困在了我们自己的意图、愿望和思想的特殊统一体中——陷入了我们自身的不甘等待中，从而既限制了我们做事情的自由，但又允许我们运用这种自由。

有趣的是，现在已有其他研究可与大脑研究的发现相提并论。我提前离开了讨论现场，但我可以确定，他们会继续讨论著名的"李贝特实验"。在这个实验中，本杰明·李贝特（Benjamin Libet）发现，在被试意识到其动作意向的300～500毫秒之前，在其大脑中就可以探测到相应的激发状态。这可以证明，在该领域人们并不是"自己家的主人"，所以自由意志的想法也就不再是一种有用的幻想，它是文化的衍生，从自我的角度来看它并没有从大脑的角度去描述世界。根据这一观点，大脑在意识到决定之前就已经做出决定了。

那些人可能并不了解"李贝特实验"相关领域的内容，所以关于他们对该实验解读的结果我也有所担心。对于是否可能从大脑的激发状态中得出有效且有一定风险的结论，我则深表怀疑。持这种观点的人将以前所有的幻想都灌输给个体主体，现在又要将其灌输给大脑，而大脑则又必须拥有一定程度的自由。决定意味着什么？它意味着，可以决定那些可决定的事情，而不能决定那些确定的事情！

许多大脑研究人员都拥有哲学家一般的思维，对他们而言，问题并不在于大脑研究本身。在这一点上，我们应该注意从文化学家和社会科学家那里去寻找答案。我看不懂脑电图（EEG），但问题是他们处理术语及其意义的能力并不比我看脑电图的能力强多少。不过，我对他们提到的概念后果倒是略知一二。

在这一点上，"李贝特实验"重建了人们已有的认知：意识对于自我直接存在并不是真正透明的[1]。这一点不太容易描述清楚，你可以尝试跟踪自己的愿望、新想法、联想、意志，甚至是一句话，不要提前清楚表述，也不要刻意做好准备。你只需观察一场很投入的对话。你很少会去刻意关注某人用惯常方式说出的话语，但他自言自语的内容却会让你感到惊奇或者正如"入侵"一词所蕴含的内容。也就是说，某种来自外部而非内在迸发的东西激发出早已存在的某种

---

[1] 有兴趣的朋友可以参阅胡塞尔《逻辑研究》第一研究第八小节。——译注

东西。

在写作中也会遇上类似情形。白纸已在你面前铺好，或者是电脑已经准备好，当然，这时你真正考虑的是一个个句子，然后将其恰当组织起来。但到真正开始写作时，不知何故，整个过程却如行云流水一般，有时甚至当你读到屏幕上显示的句子，你才注意到你写的内容。我可以在屏幕上阅读我刚刚注意到的内容。如果说每句话都是精心构思的结果，这显然说不通。这就是为什么我们用母语写作时更有创造力的原因，如果使用其他语言，在写作过程中我们必须更加注意语言的运用。观察自己在写作和演讲中，以及在联想思考过程中的表现，给人的感觉就是，想要做某件事情的自我，与实际在做这件事情的自我并没有区别。

我甚至认为我们实际上已经习惯了自己的讲话内容——而非相反。有时甚至还会有这样一种感觉：是我们必须说服自己听从自己的意志。实际上，我们在获悉，我们在倾听，我们习惯于接受那些不证自明的话语。我们谈话时，我们自己的意志就会显现。尽管我们最终不得不通过外在途径来表达内心需求，但却是我们自己在选择这一外部视角，我们的内心世界获得了一种外在形式。

诚然，这样说有些费解，但至少已不像最初听起来那么抽象了。你可以拿自己进行测试。没有人能够脱离大脑这一赖以思考的工具进行思考。我们会自我反思，自我考虑，表达自我需求，这些行为都是以我们自己实际所做的事情为先决条件——而且我们不能同时进行自我预期。所以我们倾向于去做的事情可能是无意识去做的事情。而且我们最终想要的也是无意中出现的。所有这些并不是因为我们未做打算或不想去做，而是因为我们根本就没打算或想过去做。因此，我们的自我关系是自相矛盾的！

人的自我关系话题备受关注，我深信，如果人们为自由意志和完全自我透明度确定一把尺度，那么这种自我关系就会误入歧途。只有当人们意识到我们对自己是多么熟悉同时又是多么陌生时，自我比例的问题才会变得令人兴奋不已。这与所发生的一切皆发生于现在有关，在其发生的那一刻，其实际结构既不完全透明也不完全清楚。

"李贝特实验"还可能反映出我们在实际中会在多大程度上存在，以及我们在事后又会在多大程度上记住这种存在。这种困境不可避免，恰恰反映了大脑的奥秘之处。而这样一来也就无须强行割裂大脑与"我"之间的奇特关系，就好像我们的大脑不是我们自己一样——也好像我们自己不是那个与我们在生理上同时发生且共存的自己。

顺便提一句，有观点认为，个体的行为在实际发生之前就已处于唤醒状态，从社会学视角来看，这并非惊人之言。一方面，这种激发状态显然有神经元表征，我们在回忆往事的时候可能没有意识到，或者根本就没有意识到。另一方面，这种唤醒状态也有社会表征，而且我们无法真正对其加以控制。社会成功地向个体植入"正确"的动机并赋予其自我以自由。何以能够做到这一点？为什么要这样去做？这正是问题的有趣之处。说到自由行动的观点，这意味着个体必须克制自己，不要将自由意志的绝对性真实化。这未必是已经设定好的，而是有条件的：神经系统环境因素和社会环境因素，这两者都是施事者能否及如何将其理解为自由和自主的先决条件。

提出自由意志的问题大有裨益，毕竟，这不仅关系到自主、道德判断、美好生活这些崇高问题，还关系到有罪和赎罪这些重大问题。许多较小的意志可能会有助于解释清楚这一问题。在社会生活中，我们不会去直接生产日常所需品，而是会选择去购买。我们将产品和服务再行分配，这种分配并不完全依据我们的经济实力。这不再是关于是否要做的问题，也不仅仅是做多少的问题，而更是关于做什么的问题！在日常生活中，我们需要做出决定，确定所选择的产品——

在这里，我们可以亲眼看到自己的行为是多么不可思议。我会去想自己喜欢开哪种类型的汽车，穿哪种类型及品牌的服装，戴哪种款式的手表，选择哪种消费电子产品，选择去哪里度假，以及选择哪种形式的度假，听哪种类型的音乐，看哪种类型的杂志和书籍，去哪些餐馆，所有这些都是个性化量身打造的——同时也是基本可以预测的。

同样，我们还可以继续追问：我们同情哪些人？我们喜欢跟什么样的人在一起？我们会爱上谁？这些问题都不是由大脑或社会所确定的，也无法明确界定。但实际情况显然又高度符合预期，这并非巧合，而是表明了我们的个性、我们的社会存在、我们的本性都是在实践中产生的且必须在实践中找到合理解释。

我选择去施泰德博物馆稍作逗留，而没有去游戏室或电子产品市场，也没有待在酒店看电视，这当然是巧合。正因它可以如此清晰地预测，所以相关描述看起来也就会多少有些奇怪。你们可以这样说我："他是一个受过专业教育的公民的典型形象，他必须证明他受过相应教育，说起波提切利和沃霍尔来头头是道。"但若我写了一些完全出乎意料的东西，那么看起来就是在故弄玄虚——即使在描述中没有摆脱我提到过的那种技巧。

在今天看来,自由意志似乎楔入了大脑与社会之间。从关于大脑研究的争论中可以看出,所有的行动都既有其社会情景性,也有其社会解释,且不会违背无条件意志自由这种不切实际的想法。

说到这里离艺术有些远了,这会儿我的思绪也重又回到了施泰德博物馆。我又逛了几个展厅,心不在焉地看着那些绘画作品,思绪又一次飞扬开去。类似情形在你阅读时也会出现,思想偏离了主题——然后你一遍遍重复阅读,过了一段时间你突然回过神来,意识到刚才什么也没读进去。再仔细一想,我在博物馆中的反思正是我所想的:我们的意识、我们的内心世界,也是现在正在进行的活动,现在转瞬即逝,有时我们自己也会感到惊讶,我们只记得我们想过、说过或做过的事情——我们沉浸在直接现实中。

我在上午的演讲和下午的小组讨论中也谈到了同样的事情:两者都以自己的方式表达着这样的观点,每一件发生的事情都发生在现在,并且脱离不了直接现实。两者都表明,这在某种程度上妨害了完全自我透明和自主的理念。

然而,我们同样也可以看到,在随后的讨论中,一种观点坚持适当记忆,另一种观点则坚持个体自主,从而引发了一种截然不同的态度:这是一些更加政治性和道德性的声

第三章 意志：为什么我们可以在个体与社会的夹缝中游刃有余

明，这些声明总是基于这样一种立场，即假设存在某种需要争取的东西，而实则无法获得。有些人能够在道德上承担起恰当的纪念责任，他们知道这里总是会有风险；任何一个在政治上要求个体自决的人都知道，社会存在总是会对人有所限制。否则，也就没有必要做出这些强有力的假设了。

我认为如果我们再进一步考虑到我们自身受到的限制，那么责任和自决的重要性就会变得真正清晰起来。我们当下的期望和记忆可能性存在限制，我们自身存在的不透明度也存在限制，这表明我们总是纠结于将其付诸实施而不是等待，并纠结于受到这些限制的影响。在这种情况下，我们也就无法完全获得意志并采取行动。不过，那种认为意志是完全自我透明且自由的假设也不切实际。但是，这一事实并不否认存在自由。

事实上，人们一直都在努力争取意志和自由，做正确的事情，并想弄明白自己是谁。由此一来，我们内外所经历的限制反倒成了我们争取自由的条件——我们能够在这些限制内行动而无须恪守预定程序。否则我们也就不会认为这是限制。任何人都会注意到他是如何遭遇生命中可能的、期望的和不可能的条件的限制，他自己会意识到自己在多大程度上被困于当前意识的各种限制中，并会体验到真正的自由，因为只有在受到限制的情况下、处于危险的情况下、存有其他可能的情况下,并且确定没有自动系统的情况下,才能体验到自由。

因此,我们对自由的体验只是对我们经常经历的那些不可避免的限制的表达——它们已经楔入大脑与社会之间,既是揭示我们直接自我存在和无法获得的性情的密码,同时也是揭示我们发现并确立自身的期望、惯例和实践的密码。现在,我更关注第二种限制。时间紧迫,我得赶紧去赴约。我告别了那些理想的绘画,梳理了一下自己的思路,便离开博物馆,快步朝法兰克福市中心方向走去。

第四章　缺席：为什么一场小型开幕酒会可以折射出整个社会

"到贝尔-布鲁克区，谢谢。"我在后排坐下，顺势跟司机说道。出租车开动了，我惬意地坐在车上，想象着今晚的活动，这会儿我还不知道它会比预想中的更加丰富多彩。我期待着能够在时尚的氛围中愉快地交谈，于是就用心打扮了一番：纯黑色长裤搭配上衬衫，再穿上日本时装设计师设计的新外套，甚至还系上了一条黑丝巾（这条丝巾还是第一次使用）。我如此打扮是要去参观一间小型专属画廊。

我与这位艺术家有过一面之缘：我们在一家银行的活动中见过面，当时他在那里举办画展，此前他则曾为该银行提供艺术咨询服务。当时我们聊得非常投机——我试图从社会学视角来阐释艺术在社会中的地位和作用，他则不怎么赞同这样的学术视角。后来他便邀请我参加今晚的开幕酒会。

出租车司机没有听说过这间小画廊，但他平日都在慕尼黑街区穿梭，在当地上等商铺、艺术场所、酒吧和咖啡厅等地接送乘客。他问我画廊是否要举办什么特别活动。我说今晚有一场开幕酒会，他高兴地说："那些来客肯定很棒。"这也在一定程度上透露出他对艺术的观点。

　　一路上车内气氛很是轻松，我们很快就到达了目的地，而且我到的时间比预定时间还要早了一些。不过，那里早已有人捷足先登。店面不大，气泡酒已经备好，看了一圈也没见到一个熟人，而且周围的人都没有说话，我只好去看艺术品。作品由 10～15 厘米厚的白色蜡块创作而成，尺寸从 A4 纸大小到 2 平方米不等。画布上斑痕点点，有的色彩较重，有的则只是在表层浅浅地涂上一点颜色，但它们全都在突出那些由不透明蜡块制作而成的物品的某些部分，而这则似乎在暗示我们，你看到的只是冰山一角，你不会知道它背后是什么。这些作品极为相似，没有标题，只有编号，价目清单显示，尺寸较小的价格在 3000～7000 欧元，中等大小的达到了五位数，而两件最大的展品则需要单独询价。

　　说到艺术品鉴赏，我并非门外汉，但这些作品却是让我立刻感到一阵茫然——我所说的并不是那种单纯意义上看不懂作品的意义或艺术家的意图。但不管怎么说，你还不能天真到去问艺术家。审美体验并不是凭借一句信息明确且富于陈述性的话语所能描述的。首先需要确定的是，蜡块中的残

第四章 缺席：为什么一场小型开幕酒会可以折射出整个社会

余物和其他物品不是蜡块膨胀所致，尽管这一点显而易见，但却非常重要。

置身于这些展品中，我发现自己实在是无法将它们区别开，这使得我的思绪回到了几个月前，当时我和我14岁的儿子在纽约旅行，我和他一起去参观了纽约现代艺术博物馆（MOMA）。

去之前他还是一万个不情愿，但随后就再也没有怨言了，因为在离博物馆仅三个街区之外的第五大道上，他注意到一些"展览"：T恤、裤子、衬衫和运动鞋，这让他兴奋不已。例如，A&F服装店（Abercrombie & Fitch）就在特朗普大厦（Trump Tower）正对面，店里音响震翻天，这要是在德国，无疑会违反现行的噪音管制法规，各类工会的声讨定会源源不断。顺便说一下，这家商店里全都是年轻人喜欢的东西，像我这个岁数的人可谓稀客。参观完这座消费神殿，儿子心满意足。接下来，他将要进入的就是缪斯神殿——现代艺术博物馆。

儿子参观过慕尼黑现代绘画馆，他知道日常用品中有些是艺术品，有些则不是，而且部分艺术品看上去浑然天成。我还记得他看到格哈德·里希特（Gerhard Richter）的那幅《停车研究》（*Study for Parking*）时还愤愤不平。那是里希特

1971 年在纸上创作的一幅油画,整个色调是灰色和土色,叠加了宽蛇线及波浪线。"就这我也能画。我小学就画过,爸爸!别再跟我没完没了地扯那些大道理了。"

他知道我要干什么,我这个好为人师的父亲又要对他进行一番学术说明了,我很想告诉他:一件艺术品之所以能成为艺术品,并不是因为它画起来有多难;一幅作品必须要放到它所处的年代去理解,要突破常规眼界,要尝试透过形式去理解形式,这不是在刻画某一事物的形象,而是该形象的一种表现,等等。鉴于他有警告在先,我也就很识趣地没有讲给他这些。说起来这样也好,年轻人先单纯地用惯性去看这些艺术品——然后学着去热爱艺术,再学着去欣赏艺术,这也许就是博物馆存在的意义所在吧。

我设法在现代艺术博物馆多逗留了一会儿来看我真正想看的东西,但为了照顾青春期儿子的情绪,我又尽量缩短了停留时间,也算两全其美吧。然后我们便朝出口走去,路过大厅时我们看到一套装置。它由一台白色苹果笔记本电脑组成,键盘 G 键上方有一个铅锤,作品名为《铅球》。电脑开着,一款文字处理程序正在运行,在铅锤的作用下,每一行都满满地显示着小写字母"g"。1984 年出生的英国艺术家詹姆斯·斯特兰奇(James Strange)于 2008 年创作了这

第四章　缺席：为什么一场小型开幕酒会可以折射出整个社会

幅作品。一看到它，你不知道艺术家的名字是否已经成为这套装置的一部分，因为这套装置本身就很奇怪[1]。

儿子自然是完全沉浸其中。他目不转睛地看着这件艺术品，满心欢喜，在这次博物馆之旅中他还从未像这样关注过其他作品。他在想什么问题——我静观以待。他正在对这件艺术品进行深刻解读吗？他想听一下父亲对这件作品的看法吗？抑或只是单纯被这件艺术品的美所吸引？毕竟，过去那些哲学家虽然不知苹果笔记本电脑为何物，却为艺术提供了无限的潜在知识。黑格尔假定艺术家都是古希腊神话中的"百眼巨人"，先知先觉，明察秋毫。谢林则在艺术中看到了无限的表征在起作用。这件艺术品会引领儿子走近这些领域吗？我非常兴奋。

"爸爸，这款苹果笔记本用的是摩托罗拉 G4 处理器，还是已经改用英特尔处理器了？"听到这个问题，我多少有些宽慰。此时此刻，这大概就是关于这件艺术品最合适的问题了。"这是新款。用的英特尔处理器。"我们心满意足地离开现代艺术博物馆，随着人流走到了曼哈顿第 53 街。街上人头攒动，人们与其说是自己往前走，不如说是被人群裹

---

[1]　艺术家的姓氏斯特兰奇在英文中有"奇怪"之意。——译注

挟着前行。

我的思绪重又回到钟楼地区这间画廊里来。房间里人满为患，相互推搡，我端着一杯不太新鲜的气泡酒，挤在人群中。如果儿子看到这些蜡块作品，他一定会说："这我也会。"事实上，这些艺术作品相差无几，其创作缺乏匠心，没有美学创意。只有拥有匠心独具的美学创意，才会创作出独一无二的作品，而缺乏这种创意，作品就会不断重复，缺乏变化，这两种情形相去甚远。我曾看过不少这样独特的作品。再看到类似作品，第一反应竟跟儿子如出一辙：这谁不会？现在想来情有可原。我不禁为自己感到惭愧，因为这是艺术鉴赏者最不该有的一种态度。面对这些线条，如果你想让自己陷入尴尬境地的话，就请重复一下刚才那句话吧。我通常只会在备受煎熬时才会说出这样的话，而不是刚才那样的理性叙述，或者是用巧妙而富有艺术性的语言向别人表明自己的态度。

身边的参观者也是疑窦丛生。有一个人说："跟去年的画展差别太大了，去年的作品色彩更丰富，也更富有原创性。"另一个人说："这些作品五年前我在纽约每间小画廊里就已经看过了。"还有一个人说："印象深刻，表现欠缺。"又有一个人说："我感觉材料都消失在材料后边了。"我本

第四章　缺席：为什么一场小型开幕酒会可以折射出整个社会

来想说"大家可能不会理解这句话背后的含义",可我什么也没说,而是又去换了一杯新鲜的气泡酒。

与此同时,整个房间已经水泄不通,正式的开幕式即将开始。先是画廊老板简短致辞,之后是这位艺术家(我一直没有注意到他已出现在这里),他感谢各位前来捧场,至于价目表的事则只字未提。他介绍了一位美术史教授,说这位教授将会以妙趣横生的话语启动开幕式。一位高大英俊的男士走到房间中央,讲述起他跟这位艺术家之间的缘分。他并没有谈论这些艺术品,说它们是何等杰作云云,而只是在谈论这位艺术家。据他了解,这位艺术家以极大的"冒险精神和勇气"投身艺术创作,同时赋予作品"极富感性"的新形式,而且这位艺术家号称"最受追捧的艺术家"之一也并非浪得虚名。

实际上,这位发言人更多是在谈他自己——谈他以前主持过的开幕式。我联想起了一位著名作家与一位年轻作家的谈话,这位年轻作家后来经常把这当成笑话来讲:"年轻的朋友,我们一直在谈我自己。现在来谈谈你吧。你读过我的新书了吗?"这种谈话恕难引起我的兴趣。

但有意思的是这种做法却往往非常奏效:某种看似缺席的事物在这里发挥着强大的影响力。这里的展品并非只是吸纳了其他物品的蜡块（就像现代艺术博物馆里的"铅球"），组合起来就是艺术品。这样的艺术品之所以会出现，是因为我们会带着艺术眼光、艺术经验、假想目的（自由构想物体、声音、颜色、文本或事件）去看待我们所生活的世界，如果某一现象看起来合乎情理，它就会疑似艺术品。观众将画廊墙上的作品理解为艺术品并愿倾听台上人讲述自己的作品，这也直接依赖于没有直接呈现的资源。

这个社会依赖艺术。显然，就连那些对艺术一无所知的人，以及那些竭力排斥现代艺术及抽象艺术的人，也在纷纷表达他们对艺术的抗议和不解，哪怕他们的理解纯属无稽之谈。我们都很清楚，美学批评和评估不同于技术批评或基于其他利益性的考虑。在某些情况下，就连艺术家的名字都可能会与艺术有关，就像我在现代艺术博物馆对斯特兰奇的作品所做的那番解读。

带着艺术的眼光看待一切或者是认为生活中存在艺术，这是一种非常稳定的预期。然而，何谓艺术？一件艺术品若要被认定为大师级作品应从哪些细节进行考量？关于这些问题还没有明确答案。因此，类似偷听到的画廊观众的评论就有可能出现："材料都消失在材料后边了"或"其他人已经做过类似的事情了"。所有这些言论和我们的整个艺术体验

第四章　缺席：为什么一场小型开幕酒会可以折射出整个社会

都有赖这样的事实：这个社会用艺术的眼光审视一切，我们外行人在艺术方面也会有一些某种形式的共同期望。

在这里，类似这间画廊的情形就是由某种缺席导致的——抽象期望的缺席，这些抽象期望明确地构造并限制了在场者的行为：大体而言，这些在场者实际上都会比他们在具体情况下多做一些。在开幕式上，人们通常会做出在开幕式上应有的样子：表达类似于材料消失的观点，保持自己对艺术品的怀疑态度；在听过无数次的演讲中，一次又一次地在恰到好处的地方鼓掌大笑。我知道自己在说什么，我也曾在某些展览开幕式上发表过类似演讲，我虽努力去讲却未曾谈及艺术及艺术家的实质，但当时的氛围则确实因此而变得更为活跃。

无论如何，通常情况下你都会知道自己该如何表现，这就在很大程度上限制了行动的可能性。有些情形可以预估，也有预期流程，无须一次次地重新界定。就像有一个隐形的路标，在大多数情况下，无须有意识地协调，人们的行为似乎就已经协调一致了。在这里，社会学已经先期定义了"惯习"这一概念。这是一种半意识半无意识的处置方式，它会精心组织人们的意志、精神、评价和语言，以及身体、动作编排、流程演绎、着装和姿态。

人们坚持那些恰到好处的处理方法,由此各类情形最终得以精心组织。还有没有其他类似情形:人们可以带着艺术鉴赏家的谦逊承诺及姿态,说出"材料都消失在材料后边了"这种话,以此证明自己是这方面的"行家"?还有没有其他类似情形:人们熙熙攘攘地穿过房间,对墙上挂着的物品评头论足,这些既是隐藏日常物品的蜡块,又是名副其实且价格不菲的艺术品?最终,人们到底是在讨论这些所谓艺术品的物品,还是在感慨从蜡块到艺术品的蜕变,已经无从知晓。

这一惯习是一种不成文的规则,只能在实践中体现出来。人们在画廊里的表现就是一场实用游戏、一种实践,这种活动之所以能够成功进行,是因为其本身就是行之有效的。如何才能做到行之有效?我们可以通过不遵守这一不成文规则来进行测试。例如,紧紧追问:"您说的'材料消失在材料后边'到底是什么意思?这不是很荒谬吗?"或者问些无足轻重的问题:现在的艺术品都去哪儿了?那是展会开幕式,对吗?我只能想象,如此"不按套路发牌",在这种情形下,人们通常都会一笑了之。人们只是当笑话一听,或者是心照不宣。但无论是哪种情况,都需要过一些时间才会真正意识到这种困扰——而也正是基于这样的方式,在这种

第四章 缺席：为什么一场小型开幕酒会可以折射出整个社会

情形下稳定预期得以建立。

如果你想了解现代社会的运转方式，你只需去参加一场展会开幕式就足矣。到了那里，你会发现人们都在规规矩矩行事。不过，同时你也会注意到，他们也只能这样循规蹈矩，因为这个社会期望人们的行为举止如出一辙。这样看来，就是有一种社会习性在有效地引导人们的行为，如果你能发现这一点，你就能意识到，在多数场景各异的情形中，在场是如何依赖缺席的。

在这个例子中，我重点关注的既不是艺术、展会开幕式，也不是那些深谙世故的人们——或者说是那些表现得好像知道自己在做什么的人们。我们可以再来看一下另一种情形。

我在社会学导论课上会特意把一张表格投影到墙上，表中从上到下有规律地呈现出"是"字，另有几处则是"不"字。我让学生进行解读。学生们的理解五花八门，有的说是一首诗，有的说是一幅图形艺术作品，也有的说这是某种内容阐释。有一个学生认为这是进化论的写照，因为只有当"不"字很少的时候，变异和选择才会成为可能，而又不至于让整个结构体系崩塌。还有学生认为，我要表达的意思是在我们的社会中好好先生大有人在，敢唱反调者则寥寥无几。甚至还有学生试图寻求一种隐喻：人类自出现之初就是一种自由存在物，可以选择说"是"或"不"。

在这里我想表达的是：学生们坐在大讲堂里，这一场景驱使他们认为墙上的投影一定是有某种博大精深的含义。因此他们争相回答那个问题，尽管有时会有多达 800 人坐在大讲堂里，但是他们面对麦克风说话的时候，恐惧却在渐渐消失，因为这是一种可以预料到的课堂教诲情形。这个游戏已经做过多次且屡试不爽。

不过，这种可能性绝对不是我创造的。作为一名大学教师，我也同样身处这样的社会情形中，我要估计情况，借助教学方式跟学生进行交流。所有人（包括我在内）都隐约知道自己能做什么和必须做什么。在这种情况下，某种不属于这种情形本身的东西就在不断被消耗。到处都在消耗这种有形存在的缺席，但是所有事情都必须在现在、在实际中发生——事实上，每两个学期这一幕就会在慕尼黑大学的大讲堂里上演一次，由我来当导演，在贝尔 - 布鲁克区画廊里发生的那一幕也是同样情形。

考虑到这一背景，在离开美术馆后，我发现了更多能让我们应对实际发生的事情的先决条件。就拿搭乘出租车来说，从我的公寓到贝尔 - 布鲁克区约有 14 公里，不用怎么

第四章 缺席：为什么一场小型开幕酒会可以折射出整个社会

费劲，叫车热线随时都可接通。几分钟后出租车就会到达，无须多言，只需跟司机说清楚去哪儿就行，顺便也可以与司机聊聊期望当前经济能保持相对稳定，以及为此需要付出的代价，等等；另外，在慕尼黑这样的城市，还可以聊聊不要指望有些事情真会发生，或者聊聊出租车已经投保，万一发生什么不测，我也能得到补偿，甚至还可以聊聊对出租车司机行为不当的投诉及应对措施等。所有这些都是隐形存在的，除非发生什么混乱。

衡量稳定预期大小一个很好的指标就是对这些情形所做的描述。我们先来分析搭乘出租车这一简单行为。我大致只描述可见环节：你首先会给出租车总部打电话，然后出租车到达，跟司机交流，到达目的地，支付车费，不一而足。这些描述需要设定一个结构性条件，其中有些甚至都没有描述过，例如怎么上的车，又比如出租车司机在红灯前停车等待。事实上，还没到第一个红灯前，你早就知道司机会停车。所有这些（甚至更多）都是不可见因素。回头再看看前面的描述，那些没有看到的事情就会变得清清楚楚——尽管这些事情无疑也会给你留下一定印象。

归根结底，我们的经验都是以这种方式建构的。某种意义上，我们是在跟各种并不需要我们了解的基础设施和活动领域的用户界面进行交互。火车奔驰或飞机飞行这样看似简单的活动背后都有大量活动，但乘客并不需要了解那些，他无须知道那些协调铁路网中成千上万列火车的技术连接手段，也不需要知道如何让一个几十吨重的庞然大物差不多准时地飞到目的地。巴伐利亚鱼市的顾客无须操心此前一天在北海捕到的鱼是如何送到柜台上的，抑或热带鱼是如何在没有冷冻的情况下保持新鲜的。药店顾客则无须担心对他而言可能至关重要的抗生素是如何及时摆上药店柜台的。

首先，我们既不需要知道是谁在做这一切，也无所谓是谁在乘坐火车或飞机，是谁在购买鲱鱼，又是谁在服用抗生素。所有这些活动都能协调进行（在这些活动中我们通常都是陌生人），而这则并不是由一套中央决策机制来"有序安排"的——在这种机制中，社会秩序是某种东西缺席的反映，而这种缺席则对现在起着决定性作用。

如果某一环节出现问题，如抗生素缺失，或鱼变质了，这种缺席就会显现。随即我们就会发现用户界面背后还有一些至关重要的东西：社会必须提供我们所期望的一切，而无须任何人以某种方式协调所要提供的内容。在不像欧美发达国家那样有同等程度的保障供应的情形中，这种解释同样适用。即使在物资匮乏的原德意志民主共和国需要各显神通采

第四章 缺席：为什么一场小型开幕酒会可以折射出整个社会

购所需物品，一些不透明但可预测的规章制度也会随之出现。秩序最终会在各个地方建立起来——哪怕是在最混乱的情况下也不例外。

只要错误和无法预测的事情不会累积或变得具有威胁性，我们就会对所有这些薄弱环节的稳定性抱有巨大的信心。比如说，我们会乘坐地铁，尽管它在黑暗的隧道中高速运行直至消失；我们会搭乘飞机，尽管我们没有见过机长或检查过飞机；我们会接受麻醉，尽管我们知道，随后我们会变得脆弱不堪，只能听任那些拿着锋利的手术刀的人在我们的身体上摆弄，而这时他们则有可能在讨论解决方案或最后一场高尔夫球赛。

这一切也让我这位画廊参观者能对一个聪明的人的演讲产生兴趣并保持注意，同时又保持一份理性。在整个听讲过程中，我确信自己都在适当的时候点头或微笑。这清楚地表明，在没有直接认知存在的情况下，我们已经在很大程度上融入了这种情景中。

我们可以在某种程度上相互依赖，这并不只是因为我们所做的事情完全依赖于我们自身，而是因为它们来自于我们自身之外的资源，那些使得我们成其为我们的资源。我们在一个我们自认为实际的世界中纠缠于各种实践、各种情形的实际解决方案、各种期待。我们天生就拥有这些资源，从而让我们行为得体，或者是一下班我们很快就能恢复正常。我儿子认为逛 A&F 服装店要比逛现代艺术博物馆更有趣。我凭借自学的一点东西对艺术品评头论足，也是纠缠于一种无法轻易摆脱的惯习。如果像以往那样跟他讲那些大道理，我确信他会倍感困扰。他甚至已经事先预见到了我的那一行为。出租车司机预言，他只要扫一眼展会开幕式就能知道是否会有顾客愿意付款购买，而且他始终保持这样一个习惯，可以使乘客跟他同处一个封闭空间，而且在某些情况下几乎完全没有沟通——这在其他情况下则是很不得体的。

前边提到四位观众对那些艺术品发表了评论，这种纠缠在他们身上也可见一斑，他们做出的评判放到其他地方看多少都会显得有些奇怪。如果他们不是第一次这样评判，那这些评判可以说是不言而喻。我之所以会讲述记录这些情况，因为这种描述也是一种需要以某种方式来完成的实践。描述主要并不是来自你描述的内容，而是来自无关紧要可以省略的内容。描述者必须把所谓"用户界面"的元素置于一种和谐统一的形式下，使得各个部分之间相互关联并设法使其隐身。各个部分并非一一对应，兀自摆在那里，因为描述和叙述并不起作用。那位美术史教授在讲话中就是这么做的，

第四章 缺席：为什么一场小型开幕酒会可以折射出整个社会

他选择了一种形式发表讲话，甚至不惜偏离演讲的形式。

讲话结束时，我慢慢地从杂乱的思绪中挣脱出来。然而，我的全身立即体贴地进入一种新的状态，耳朵和眼睛都在告诉我"快鼓掌"。在这种情况下，你不能随心所欲地鼓掌，即便心中有异议，也要自发地鼓掌。演讲想必非常温和、振奋且诙谐，因为热烈的掌声经久不息。然后便是展会正式开幕阶段，人们可以自由行动，结交朋友，当然也要欣赏展品。大家开始自由交流，这种活动本身就表明人们多少都是身不由己。你在那里滔滔不绝，也许过上一段时间你才会意识到这一谈话究竟是怎么开始的。

除了艺术家本人，我不认识画廊里的任何人，所以我有机会仔细环顾四周，并悠闲地享受了一顿美味的自助餐。其他观众也都透露出一种见过大世面的感觉。他们在这个狭小的空间里灵巧而又安全地游走，躯体操控自如：避让，寻找通道，就座，或者是举着杯子端着盘子走动，没有丝毫碰触；人们会意其他人的关注，或者不去理会眼前的事情。在这样的环境里，一个完全没有准备且没有适当经验的人将会显得非常无助，并会有许多东西需要他去学习。

这种现象不仅表现在身体动作上，还表现在言谈话语中。你可以谈论任何事物，但事实上，你需要快速切入到

"匹配"话题中人们期待的那部分内容,这些话题包括:其他艺术家、其他画廊、你参观过的某个展览、你在某个专栏上读到的一篇自命不凡的评论、最新的八卦、获得的奖项、被拒的奖学金、成功的拍卖、关停的商店,等等。

如前所述,我们无所不谈。这些人看起来非常老道,正是他们无意间的精心组织安排情况才会变成这样,一切都心照不宣,甚至是心不在焉,背后却潜藏着某种期待——期待这个社会中的特定物品是艺术品,期待有一种特定的说话方式,对这些物品的制作、展示及评估表达自己的观点。这也就有了我们前面听到的对蜡块的评论,或者是我的儿子在现代艺术博物馆对我的责难。

在所有类似的情形中,社会都处于在场和缺席的悖论中——之所以在场,是因为你在某些情形中的行为必须在这些情形中实际完成;而之所以缺席,则是因为这些情形中可能包含某些并非发生在此时此地的因素。如果社会中不存在艺术,这些展品就会变身其他物品——我们对这些物品的体验又会有所不同。社会展现在我们每个人身上,它不仅体现在我们的言论和意图上,还体现在我们感知事物的方式上。艺术体验是一种非常个性化且私密的感受,我们彼此之间在这个方面差异显著——但实际上这种个性化的体验也是社会

第四章 缺席：为什么一场小型开幕酒会可以折射出整个社会

使其成为可能。

在开幕酒会进行的过程中，我重又回到现实，看到人们三五成群对着墙上的蜡块物品或多或少表达自己的兴趣，听起来他们或多或少都是鉴赏家，真真假假地在谈论着什么。所有这一切都发生在这个社会中，这个社会（我又一次提到这个词）仅仅呈现出一个用户界面，而其背后隐藏的电路和开关、过程和结构则必须保持隐形，这样我们才能在这个世界上行动。正是这种在场使然的缺席造就了社会。

开幕酒会渐近尾声，第一批客人已经离开了画廊，我也悄悄做好准备，打算退场。这时，那位艺术家来到我跟前："请留步。这里活动结束后，我们再到后面的房间里聚聚，我备了些好酒。如果您能赏光，我会非常高兴。"

又过了大约半个小时，我们来到画廊后面一间没有布展的屋子，屋内有一张大桌子，上面摆着葡萄酒、面包和奶酪。转瞬间，场景便焕然一新。经过一整晚的喧嚣忙碌和无限赞誉后，一切都又回归宁静，终于可以彻底舒缓一下了。大概有十个人坐在桌子旁私下交流——有些人相互认识，有些人则是素昧平生，我跟那位发言的美术史教授在闲聊。

没过多久，桌子另一端越来越吵，吸引了全桌人的注意力。一个叫保罗的人像是在为自己辩护什么。他摆出一副可怜巴巴的样子,尽管他穿着随意,但不知何故却有人说他不属于这里。许是他的动作与说辞不一,没人说得清到底是为什么。保罗好像是一个银行家——就此时此地的情况来看,这未必是一种声誉很好的职业。有些人抱怨金钱无所不能。"在艺术中到处都有金钱的影子。商业气息过重,全都是文化产业垃圾。我们都做了什么。太糟糕了!"

保罗谨慎地谈到了艺术品的价格、部分观众的奢华生活和庄严高贵的服饰。他还认为桌上香槟的价格高得离谱,闻所未闻。而且,艺术界的奇闻逸事层出不穷。就连今天的科学研究都要依靠工业界的第三方资金维持,法律意见可以购买,政治家们腐化堕落,其实他们自己心中很清楚自己是怎样一个人。公司战略失败,还给公司经理发放后续薪水和遣散费,而这竟然合乎逻辑。愤怒的情绪也感染了在场很多人。

但这仍不失为一次严肃的谈话。令人震惊的是,目前面临的许多问题都与一种现象有关,这种现象显然与世界上万恶之源的资本主义相似,那就是全球化。保罗旁边的几个艺术家想要知道这种奇怪的事情到底是怎么回事。保罗接着这样说道:"从长远来看,今天在金融、商品和销售市场上有很多人都不肯放眼国际市场,他们将会没有机会生存下去。""投资者相机而动,追求自己的利益,这一点天经地

第四章 缺席：为什么一场小型开幕酒会可以折射出整个社会

义，否则还能怎样？"

他似乎对接下来将会发生什么有所怀疑。有人明确指出，这是一种破坏性的新自由主义战略，它正在普通百姓身上实施。在场的大多数人一致认为，资本和就业即将消失，必须尽快加以遏制。恰当的经济政策就是给企业指明责任，如果它们不了解这一点，那就必须对资本强加约束，包括推行惩罚性的税收，以及各类有着精准指向的经济政策。如果不团结，将会付出巨大的代价。税收增加了，可以针对世界上的不幸事件做更多事情。在关于大幅度累进税表等的讨论中，也要包括奢侈品税等。保罗小心地指出价格昂贵的艺术品不应出售，这时人们纷纷指责他太不讲求实际。

酒过数巡，大家的舌头变得更松了，最终有人想出了一个主意，可以让保罗成为替罪之羊。大家最终促使保罗意识到这样一个事实，资金几经易手后不断增值，而无须经过生产活动。股票经纪人挣的钱由于没有再进行商业投资，所以也就没有创造工作岗位或其他任何生产力。而银行打理的各种产品更是早已脱离实际经济状况的各种因素。

大家的情绪变得更加激动，此时这位饱受攻击的银行家基本上都是在为银行的衍生产品进行辩护，他确信在场者中有人已经在这些产品的帮助下投资艺术品并获得收益；而在他这么说的时候,在场者中有位艺术家实际上投资已经失败了。一杯葡萄酒跌落下来(这并非一种无意之举),洒到保罗的裤子上。看起来,双方将会大打出手。几番谩骂之后,保罗威胁将会起诉对方。趁着大家还没有把目标对准我询问社会学家对这个问题会怎么看时,我瞅准时机起身告辞。

那位邀请我前来的艺术家送我到门口,向我表示歉意,说(发生的一切)没有像计划中的那样舒心。他还特别为一位同事的行为向我道歉,那位同事接受心理治疗已有很长一段时间,不幸没有克制,而且其反应也一贯如此。

我很高兴现在能够独处一会儿。我本想打车回去,后来又决定步行到市中心。这是一个温暖舒适的夜晚,街上的喧嚣和忙碌都显得那么怡人,令人愉悦。我并未料到当晚会有这样一个奇怪的转变,而且不知何故当时的场面已无法掌控——但即使这样整个事件也还是在预期的轨道上运行。最初的批评认为,艺术只是衡量作品的价值,而非真正的艺术本身,艺术真正的价值并不仅仅是能卖多少钱,而是能唤醒整个世界——在这个世界上,一切发生的事情、一切存在的事情、你做过的和没有做的一切事情,都由其价值来判断。这个世界是一个经济世界。你无须成为经济学家就能理解金钱的价值,或者实际上金钱的数额仅仅是指货币价值,它最终是一种交流媒介，只有在我们习惯于按照其现金价值来让世界财富翻倍时才会起作用。

20欧元能买到很多东西：一张CD、两张电影卡（含一桶爆米花）、一本书、一顿不算简单但味道一般的午餐、一张巴伐利亚国家歌剧院最佳位置的站票、一张市中心违章停车罚单、加满四分之一或不久后只有五分之一或六分之一箱油、一瓶好葡萄酒、一个月的网费、医生咨询时间的一半、大教堂里20根纪念蜡、大约30美元——视信托公司而定，而信托公司则更多是基于习惯和信任，而非对真实信息的掌握情况。

我们也习惯于这样一个事实：这个货币价值世界只是其他诸多世界之一，艺术品的价值可以用金钱来表现（毕竟这些作品最终还是要卖出去的），但单凭价格尚不足以表明艺术品的质量。顺便说一下，这是一个不错的理由，不成功的艺术家可以说人们认可他们的艺术，而成功的艺术家则可以说人们真正欣赏他们的艺术。这两种艺术和经济角度的态度有着根本上的不同——这不仅是一个逻辑不同的问题，而且也是一个可以从惯习和实践行为方面去加以研究的问题。出于银行家的惯习，今天晚上保罗把一笔笔经济账算得清清楚楚——具体情形这里无须赘言，你差不多能够想象。无论如何,他都惯于通过价格和价值手段来闯荡天下。

他的批评者们则很不一样,他们的惯习和评判颇有针对性:必须提高税收,必须防止资本外逃,必须重新分配财富。我在这里并不关心这些解决方案是对是错(关于这个问题有很多要说的)。我关心的是这些评判的美学问题及其潜在的惯习。这些评判有其政治考量,人们迫切要求集体做出决定,管控一切,这些评判也都依赖于所谓的管控。其不同之处在于缺席因素,我们可以从经济或艺术文化的视角对其进行深入剖析。

尽管政治性评判要求管控一切,但经济性评判的合理性则来自其他渠道。就像保罗提到的,你必须降低成本,然后在市场上寻求自己的机会。但总体来说,这并非市场问题。事后补救取得成功的条件是民主产生的可能性。然而,经济决策并没有哪个更好一说,借由民主化考虑或许在经济上会变得可疑。至于消除艺术那就更不合法了。这是最不民主的实例——这是一件好事,否则也就不得不通过征询集体意见来禁止某些模式的做法或对其实施惩罚。即使有时发生这种情况,也不是这些模式和形式如何形成的问题,而只是其可见性如何以及如何分销的问题。出于这个原因,在文化产业被国有化之际,那些富有极权主义革命精神的作家和艺术家

第四章　缺席：为什么一场小型开幕酒会可以折射出整个社会

就会被迅速冷落。

所有这些资源（政治资源、经济资源和艺术资源）都会伴生一些人们熟悉且习惯但又颇具假定性的行动及行为模式，这一点在前述展会开幕式中可以看得很清楚。社会的所有这些实例或逻辑（除了那些法律、科学、医学、体育或大众传媒逻辑）都会产生这样的行为倾向。如果我没有参加那场开幕酒会，而是去参加一场派对或某个经济协会的一场会议，那么讨论的议题可能就不是这些了；另外，我的行为、服装、性别角色、穿戴的品牌等可能也都会有所不同。但是，它们的作用方式与相应框架内的主题和行为却是一样的，都是创造了一个可以在其中移动的世界——就像水中的鱼一样。

开幕酒会之后的那场小型活动则表明了两点：一方面，酒喝多了，舌头变得太松，人人都可以天真行事；另一方面，还有一群独特的个体，他们诉诸模式、期望、实践形式、惯习，从而可以进行建设性的交流。保罗在威胁和侮辱那位放肆的艺术家时提到了什么？还有那位东道主，他向我指责那位同事的行为，怀疑后者有什么疾病。这都是他们自己做出的评判——但是考虑到以下事实这些评判也自有道理：人们普遍期望一套法律制度，同时也普遍期望那些不可理解和不正常的行为也不能被简单理解为邪恶或放肆，而是应将其归结为生病或受到干扰——这并不会改善那些行为，但却会更易于［对那些行为进行］描述。

只要仔细观察你就会发现一些自主的个体，但你是在以抽象且非个性化的承包商（他们只允许个体作为个体出现）的名义进行发言。例如，那位美术史教授的独创性不在于他自己，而在于人们可以在这个社会中谈论艺术和艺术家。你可以谈论他们，因为你可以这么做。难道这不合逻辑吗？对！整个社会都是不合逻辑的，都是矛盾的，因为它只允许可能的东西存在其间——它在自身之外没有任何理由，它在自我坚持！

这一点也可以通过我自己的惯习来加以审读。科学家，特别是文化和社会科学家，都莫名其妙地养成了一种距离意识。我们调侃各自的归属，同时却又保持距离。我们可以按照自己的方式去看待事情，而无须像经济学家那样，他们必须相机而动，而我们则有的是时间；也无须像政治活动家那样，他们必须掐准日子参加主题活动；也无须像医生那样，他们要在特定情况下说服病人立即接受合理的治疗，至少也要让病人意识到他们需要接受相关治疗。但是，针对某件事情，社会科学家的应对方式可能并不会有什么不同——最终也不会有其他方式。比如，就开幕酒会上及随后发生的事情而言，社会科学家在做出评判时的可能性条件仅仅在于这样做切实有效，这样说才能有人听。我们并没什么不同，但这样也很好——即使有时会冒出一些像"材料消失在材料后面"之类有趣的表述。

当我说"我们其实并不能真正掌控自己的行动，我们只是纠缠其中"时，这并不是在蔑视——即使它与西方的中心叙事之一相矛盾：即，主体的理性在于自我，在于其个性。如果在这一叙事中涉及参与该主体之外的事情，那它通常至少也是我们参与的原因。然而，这个故事是如此开心并且讲述过程满怀同情，这显然与我们深层次的怀疑有关，我们怀疑它是否能给我们的个性提供一般性指导和标准，无论是一般的理由还是一般的道德准则。

简而言之，我们的感知、思考及行为方式，不仅取决于我们，还取决于我们通常所处的位置，以及我们看待世界的角度。我们此时此地的行为方式主要还是借由某种遗忘的东西，这种东西会让我们首先想到此时此地做这些事情的人。然而，在这方面也还是有些矛盾，因为我们的行为方式还是取决于我们自己。

我们有必要真正从美学角度去充分观察社会现实：从不同角度去看待世界就会得到完全不同的图像，分别反映各自的现实,人们相应也会产生完全不同的印象。"美学"一词源自古希腊语"aísthesis",它意味着由各种感官所决定的感知。如果不通过眼睛去看,不通过耳朵去听,不通过舌头去品,不通过鼻子去嗅,不通过皮肤去触碰,不通过意识去思考,我们就不可能获取各种感知。

我们纠缠于我们的眼睛、耳朵、舌头、鼻子、皮肤和意识所传递给我们的感知。我们还纠缠于我们看待世界的角度——这里有政治角度与经济角度之间的差异,有科学角度与宗教角度之间的差异,有法律角度与艺术角度之间的差异。艺术的特殊效力恰恰在于,人们可以从艺术中学习到那些精细、恣意、多样而非任意的形式和观点是如何产生的。现代欧洲哲学不仅庆祝理性的统一,还将艺术体验的多样性和个体性视作一种特殊资产,这并非毫无意义。

在艺术领域,纷争不断的艺术家们将会认识到,他们的判断和观点取决于他们的立场和角度。因为在现代社会中,艺术是我们学习观察的渠道——我们纠缠于各种程式并会打破类似程式。它可以拓展我们的视野,通过多种不同视角的差异来确定解决方案,而无须再借助既往对专家知识的共识。这就是为什么我也相信,我的儿子面对艺术时无须语言解释,因为观点可以自然而然地建立起来。

第五章　决定：为什么我们需要相信无知

在汉堡机场，我搭上了一辆出租车，司机是一位年轻人。我要去的港口酒店（Port Hotel）是一座老房子，建于码头正上方，在这里可以纵情想象早期船长与船员庆祝靠岸的场景，而每次来到这座汉萨同盟城市我都会选择住在这里。当时已近傍晚时分（第二天我要去汉堡大学赴约），当晚这段时间我约了一位老朋友，我在求学期间跟他相识，之后有很长时间我们都没有再见面。

到达酒店房间后，我先欣赏了一番壮美的港口景色，然后在约定时间来到酒店大堂。老朋友再次见面格外亲切，他表示要给我一份惊喜。此前我们说好由他安排见面地点。他希望我不要把自己当作游客，但他还是在一条游船上预定了座位，融港口之旅与丰盛晚餐为一体。这个主意听起来很是不错，我满怀期待。

我们从酒店后方沿阶而下，来到码头，早有大大小小的船只在此等候，准备载着游客一览汉堡港口的美景。朋友带着我登上其中一条船，预留的桌子设在一处半开放的空间，这里视野开阔，景色优美，两位久未谋面的老朋友可以尽情畅饮一番。

晚餐氛围不错，白葡萄酒的温度与环境温度非常契合，船长对港口设施、各种大小船只，以及相关趣闻轶事的解说恰到好处，声音抑扬顿挫，张弛有度，你仿佛已经听过不下百遍，一切再自然不过，同时也可见机欣赏别致美景。

感谢大海的慷慨馈赠，我们酒足饭饱，整个夜晚过得非常愉快。我们谈论了家庭、工作、往事和熟人，谴责了一些故人，并回忆了共同度过的一些夜晚——就像现在这样。当然，我也注意到我这位朋友有些闷闷不乐。

他也是一位社会科学家，曾研究过经济学，现在汉堡一家私人银行拥有一份体面的工作。在他的叙述中，这种活力十足的业务和人们所说的"汉萨商人的荣耀"交织在一起，令我陶醉不已。我们谈论了很多关于个人忠诚的问题，表示要远离新教，后者与"世界性"这一新话题和吵闹的首席执行官看起来格格不入，而现在的年轻学生已经在花大价钱进入小型私立学院准备学习入职了。

在那里，你大概首先要去学习养成一些习惯（惯习）。

变身成功人士的过程是一项美学工程，需要学习让言谈举止恰如其分，还要学习逐渐抛弃一切不符合这个快节奏世界的内在规则的东西，然后搭乘这架世界性经济喷气式飞机穿梭，也许他们很高兴去应对衍生品，因为整个生命形式都是衍生品，只是衍生而已，不关实际——至少看起来是这样。对所谓的"实体经济"来说，这种惯习可能意义不大。

另一方面，朋友的描述则采用了汉堡式低调陈述，听起来就像一些陈词滥调，但大部分细节还是实实在在的。顺便说一句，顾名思义，低调陈述也是一种陈述。还需注意，人们在低调陈述时也会有不少夸大其词的情形。

朋友告诉我，他收到了一家国际知名经济税务审计事务所的入职通知书，这家公司承诺，在不久的将来会让他到离汉堡不远的一个地区办事处担任主管。一方面，这个岗位非常有吸引力；但在另一方面，它也要比他现在所在的岗位风险更大。在当前岗位上他也有望获得晋升，只不过要等很长时间。两者都有变数，优点和缺点并存，现在也没有哪种观点能帮他做出正确决定。无论是工资还是晋升机会，无论是家庭还是单位变动的适应，无论是部门还是公司前景，孰重孰轻，都无法权衡，也无助于做出决定。

"说到了，你并不是在寻找更容易做出决定的标准，事实上依照那些标准你很难做出决定,而这样的决定也就不再成其为决定。"

听完我的话,朋友表现出些许局促,似乎也有些不安,因为这番话并没有真正帮到他多少。此前正是在他与日俱增的焦虑中,他最终决定听听我的意见,看看天平的砝码会偏向哪一边,进而自然而然地做出决定。但我做不到这一点,我只是摆出了一些观点,最终还要看反对的观点。我认为他在目前工作的银行表现出色,并不表明他在新岗位上就不会同样表现出色。

"你现在的问题很典型,就是考虑如何基于结构化方式做出决策。决策是矛盾的。只有在我们无法做出决断时,我们才会需要它们,因此,如果缺乏必要标准,甚至即使存在所谓的标准,致使我们的行动有所改变,那也就不再成其为决定了。"我的朋友瞪大眼睛看着酒瓶,以确认他不是在扪心自问。他没有——当然,瓶里的酒根本就看不见。所以我又说了一遍:

"矛盾之处在于,这些决定总是需要在没有明确的标准时做出,而你又需要准确地决定你所想要的,而且标准越明确越好。你恰好就处在这一境地——你不知道什么是对的,而且也无法知道。你没有掌握未来的信息,当然,你也无从获得这些信息,这一点不难理解。在这方面,你不能根据已知信息来做出决定,还要看其他标准。"他语带讽刺地说:"那就看情感、直觉和惯习,靠做祈祷或掷骰子了?"

"在我看来,大多数决定,哪怕是影响深远的决定,如果不是已经依据规则和制度确定的,都会遵循这样的标准,而不是明确的已知信息和专业知识。"至此,他开始反对:"也许对你来说是这样,毕竟你是在大学里工作,即使你做出了错误决定,也伤害不了谁。但是想想我这一行……这还没去考虑做出那些动辄涉及数百万乃至数十亿欧元的重要金融战略决策。"

我完全有理由看清问题所在。这位朋友正深陷一场金融危机,此时提出我的看法未免有些冒险。"你的危机,也是我们的危机,正是我们正在应对的问题。想想美国房地产业泡沫伊始的情形。不幸的是,人们没有去大胆玩一把双骰子游戏。就个案而言,他们倒是没有直接犯下任何错误,相反,每件事情都做得很正确。庞大的发行在外股的出现只是个案累积的结果,在个案中并不显著,只有累积起来才会具有破坏性。由于你的资产负债表看起来像是持有发行在外股,甚至可以出售,而且就连买家在这里也选择了习惯和直觉的标准。发行在外股位于资产负债表上的H、A、T三类账户上[1]，而且已经有了决策标准。灾难即由此而生，因为正确的行为是错误的！此外，那些金融产品只有其创造者才能弄明白，人们只是凭直觉去选择购买那些产品，他们所依据的标准跟其他市场上的人差不多，无非就是他们的车身前部有一颗星标记，而不是四环标记，或者可能是一个蓝白相间的螺旋桨式样标记。不要跟我谈你的行业的理性标准！"

话说得可能重了一些，但我发现，人们在社会上却是在满怀信心地去建立这个世界，就像这是习惯、惯例和语义自动生成设备一样，在这其中专家文化非常乐意成为固有的、明确的标准，从而使得做出决定变得更加容易。我坚持认为做出决定不需要依据已知信息，而且社会中也不乏各种设施、惯例、技术、程序来解决无法获取信息的问题。

现在我的朋友开始不知所措。我们交谈正酣，我给他举了一个例子，之前我在讲座中特别是在公司和协会组织内部形式的决策讨论时曾多次讲过。测试设定场景如下：你可以想象有一组徒步旅行者正在登山，你们来到一个岔路口，此时个个都是筋疲力尽，而且天气也是越来越糟。你们不知道接下来该走哪条路，但你们心里却很清楚，一旦走错就是死

---

[1] H 账户：Held-to-maturity，持有至到期账户；A 账户：Available-for-sale，可供出售账户；T 账户：Trading Book，交易性金融资产。——译注

路一条。不幸的是，你们没有合适的标准来确定是选左边还是右边那条，因为既没有地图，也没有其他线索，周围什么也看不见。你们该怎么做？

测试要求还包括这组人必须待在一起。解决问题的程序可以有所不同。可以让老年人决定，或者也可以让最强壮的人或最有号召力的人来决定。这就需要年龄、力量或口语表达的超凡魅力得到众人的认可。可以想象，有人会说："我确定我们必须向右走！"然后每个人都尾随前行。

同样有效的方法就是遵循传统。"如果你不确定，就朝右走，一贯如此。"另一种方法则可能是民主确定程序：投票，少数服从多数。或者你们也可以选出一位代表，由他来确定前进的方向。这也需要在程序中予以认可。

还可以设想，小组成员中有一位经验丰富的登山者，他必定有最好的标准。也不排除组建各种委员会的方式，这些委员会设想不同的场景，然后再次召开全体会议，寻求民主的或天赐的解决方案。还可以去听野兽饥肠辘辘的声音，或者是航班飞行的声音。你也可以想到祈祷。最后，还有可能选择听天由命。

虽说不是全部，但其中就有许多解决方案听起来荒谬至极。然而，这是方式问题，关乎如何处理社会中决定的悖论：要认识到，就问题本身而言，没有任何算法可以选择，所以我们需要一种次佳替代方案。这种克里斯马型解决方案减轻了大部分负担——民主解决方案缓解了个人负担，降低了集体风险。采用占卜和听天由命等程序，以及回归传统等，都是寄希望于外部因素：因为我们自己做不到，所以我们就寄希望于其他力量，如惯习、神灵或巧合。

类似程序与社会各领域中的通行做法并无二样：政治机构和社团组织中的民主过程，公司中常见的个人魅力过程，所有可能领域的专业知识的程式化，以及相应领域的习惯——或者只要能够保证事情进展顺利，没有沉重的思想负担，那是最好，看看金融危机！我们在各种不同的可能性中体验了很多乐趣并且陶醉于（现在我们开了第二瓶葡萄酒）我们认识的熟人或政治商业人士身上发生的绝佳例证。

这些有关决策程序的例子都提供了算法用于最终做出决定，但却并没有扩展知识库。简而言之，你不知道到底该做什么，但你却知道应该怎么做。我们的社会已经不乏处理这一决策悖论的类似程序和技巧。哪里出问题了，只需调整相应程序。然后民主程序得到改善，企业找到更有魅力的领导人，专家得到更好的培训，或者干脆直接替换员工。在无法解决的决策悖论中，什么都没有变化。

第五章 决定：为什么我们需要相信无知

我对这一专业问题的回答让朋友极为抵触。他本人要对银行的公司客户及个人客户进行评估，验证其信用状况，为可以信任的客户提供一个标准，并依据其经营模式推测这一样准是否适用。他在这里成功地展现出了他所具备的专业知识。"但你无法从公司的真实信息中得出任何明确的结论，顶多也就是一些提示。最后，问题变成是否要放手让人们去做一些事情，市场是否兑现了承诺，等等。这里也是一样，在展示过理所当然客观的数据之后，处理未知信息变成最重要的事情。"

我的朋友证实了这些惯例：他所在的银行在遇到决策困难的情形时，最终都是管理层说了算。管理层必须根据企业原则进行风险评估并做出决定；这些决策需要参照已经提供的专业知识，但却显然不是这些专业知识确定了这些决定和条件。管理层也没有更好的标准，但它有特权做出决定。这是应对决定的方法之一：确定一个职位，就任这一职位者的决断就被视作决定（遵照梵蒂冈程式：罗马已发话，案子结束了）。我的朋友是天主教徒，在汉萨银行当然不能与主管争辩，但这是在各类组织中处理决策悖论的关键选择之一：一旦某个位置做出选择，它就必须适用。

我们下了船，从鱼市出发，穿过汉堡港口路，两边房屋密布，早年间传说中的争夺战依稀就在眼前。就历史而言，这里至少在美食方面得到了很好的传承。在一个小角落里竟然有一家意大利百莱达酒庄，这让我惊喜不已。这里吸引了大量游客，或者也可能是它自己的小资人群。我们当然品尝了皮埃蒙特葡萄酒。

我的朋友现在又回到了自己的决定上，他说："现在我知道我在银行的职位与在审计事务所的职位有什么不同了：在银行里我只是遵循流程，为那些利用我提供的真实信息和评估来做出决定的人提供模板文件，但还是需要我自己做出决定，只是我掌握的信息并没有决定性的论点。有其他因素促成你最终做出决定。在新职位上，我不用像现在这样做出这么多影响深远的决定，但我必须自己做出决定——也许这就是我一直在寻找的差异！"

将管理职位与其他职位区分开并不难，因为管理层有特权在缺乏信息的条件下做出决定，而且在某些情况下这一决定可能同样很好。那些领取丰厚报酬的人在做出决定时根本就没有明确的标准。这一点颇有些讽刺意味但也无可厚非。如果批评者认为无须基于可以获取的标准做出决定，那么关于高级经理薪酬的讨论就可能会以不同的方式进行——也就是说，决策错误问题并不仅仅是有人没有准确理解。

第五章 决定：为什么我们需要相信无知

　　这并不是在为那些天文数字的薪酬寻找托词，当然也不是在为那些身居此位者偶尔过分之举进行辩护。这里有一个有关决定的悖论：真正需要做出决定的人所做出的决定往往不切实际，其中表现之一就是薪酬，因为没人值得获得这么多，而他们就可以收入这么多；考虑到这一层讽刺意味，这种薪酬的文化意义可能就会变得更容易为人理解。

　　我的朋友还没想清楚这一点——我注意到他还在盘算这个问题。他喜欢这种感觉，或许很快他也会去做出那些不切实际的决定。不管怎么说，我都感觉他更有信心了——也许是他发现在这两个岗位之间权衡的天平倾向了一侧，这让他对自己信心十足，这时再回头去看自己要做出的决定，就像有了完全明确客观的标准。

　　然而，最终，这个标准并没有让他的决定变得更容易。正如他为执行董事会提供的专业知识本身并没有做出决定一样，并且与政策建议情形相同，事情千头万绪，但最终还是有必要从政治角度出发做出决定，而不是首先考虑议题，这种情况也跟咨询顾问机构类似，尽管它们可以提供一大堆建议，但决定都是在这些机构之外的其他地方做出的。现在，我的朋友有了一些线索但还是不能做出决定。毕竟涉及跳槽问题——而这似乎就是咨询建议和决策支持所起的作用吧。

无论如何，前景都还算比较乐观，今晚这场聚会的气氛也陡然缓和不少；又一番叙旧之后，我们相互道别。朋友叫了一辆出租车，我则选择步行而归。我在想自己可能没给这位朋友帮上什么忙——但或许又有呢？决策者到底需要了解哪些情况呢？

通常，一说起决策者，我们就会联想到那些训练有素的专家形象，他们在其各自专业领域的角色无可替代。对决策者来说，这当然是一个必要但不充分的条件。也许你会说：专家是现在的专家。他知道现在要做什么，他熟悉所有技巧并掌握全部信息。但也正因如此，他可能缺乏创新力。另一方面，如果决策者突破这样的专家角色，他就会成为未来的专业人士，也就是说，这里又有一个悖论，因为未来从来就没有开始。决策者手头没有或者只有很少一些相关信息，即使早已向他提供了相关的详细事实。这与未知的未来有关，而这往往也是专家的死穴，因为决策有时会偏离那些总是行之有效的惯常做法。

有些公司自诩拥有多少专家，以此来标榜自己的创新精神。苹果公司号称拥有业界最优秀的专家，没有什么不能实现的想法。对这一局面，史蒂夫·乔布斯要负主要责任。他精于形象塑造，让专家们去研发还没有实际需求的东西并获得成功。这也是一种营销策略，因为决策者似乎是一个神话般的人物。他就是通向未来之路的路标，跟现在的专家正好相反，他能超越日常技能走得更远，他的深远战略决策正是归功于此。

　　因此，要说专业知识中还需要再增添些什么内容的话，那就再来一点甘愿冒险的胆识和敢为人先的勇气吧。另外还可以去看看我们看重什么样的人：是那些按照所有艺术规则履行自己职责的人？那些总是为自己的行为寻求规则、明确理由和确定信息依据的人？或者是那些可能会适时依赖直觉或胆量，甚至可能是傲慢或者某种自然而然要这样去做的感觉的人呢？

　　有这样的例子。联邦德国历史上就曾发生过三起事件，相关决定都是逆常理而为之。决策者承担了巨大的风险，但情形随后却发生改观并最终被认为是正确的决定。我提到的这三个例子都非常规可行之举，但它们却有助于我们擦亮眼睛。一个是阿登纳巧妙实施修补西德与西方国家纽带关系的政策，这一政策与他自己政党的复仇主义主张背道而驰；另一个是勃兰特面向东德提出的"渐变"政策，以及新东方政策，这可能是与苏联关系问题上具有世界政治意义的一项举措；第三个是科尔公然反抗阻碍两德统一的前超级大国。

针对这些问题的讨论从未停止，甚至还有不少权威人士也都参与其中。这些例子众所周知，我们可以从中借鉴学习如何做出决定。

起初，这三个案例都没有任何成功的迹象，尤其是后两个。在这三个案例中，主人公必须清楚地了解其外部对手，特别是要密切关注内部问题。在这三个案例中，这些策略都极具风险性，一旦失败，后果不堪设想。在这三个案例中，这些决策在制定之初都曾备受责难，但后来就连其政治对手都为之折服。

由此可见，在这三个案例中，决策通常与坚定的信念和愿意承担风险这两点联系更为密切，而不是明确的信息。毕竟，细加考察就会发现，信息具有积极含义，它融合了开放的视野，同时也是一个决定性的生产力因素。但它也会限制我们的视野。在这三个案例中，三位决策者就没有遵从已知信息，他们认为联邦德国公众永远都不会寻求割裂与西方国家之间的纽带关系；从联盟政治角度考察，靠近东德以及试图联络冷战时期苏联设在联邦德国的桥头堡的做法是不可能的；两德统一并加入北约组织将会颠覆前几十年建立的所有联盟和地缘战略确定性。所有这些信息都很清楚，上述三个决策必须超越这些信息。

因此，决策不仅取决于在多大程度上没有掌握相关信息，有时还需要规避已知信息。刚才说的是政治领域情形。在商业企业的日常经营中，经常需要突破知识常规，大胆投入资金寻求新方案，研发新产品。在做研究的过程中，几乎也是仅限于剔除旧有信息。而且，你只有与旧的知识常规决裂，才有可能改变自己的个人生活条件。这就是促成决定的因素，进而也使得决定中的不可控因素增加。

因此，任何决策都必须依赖未知信息做出——从日常事例来看，情况确实如此。人们开车到达十字路口前都知道该选择哪个路口，直接拐弯就是了，无须做出什么决定。不过，在不知道该去哪里的情况下，你就需要做出决定，但这并不是说你不知道该选择哪条路。最终，所有的决策情形都通过这种方式清晰地构建出来：即使存在某些标准可以使决策更容易做出，每个决策也都会存在一定的随意性。这就是为什么英雄常被刻画为决策者，或者决策者会被刻画为英雄。

把现代社会描述为一个决策社会一点都不为过。我们把决策用作一种算法来更好地了解现代生活的条件和形式。人们在生活中从未像今天这样需要做出如此大量的决定。培训、学习及职业选择，政治倾向选择，配偶选择，这些情形原本大都需要借助传统社会形式的制约，而现在则必须自行决定。

即使你没有做出选择，这也是你自己决定的结果。有人可能会因经济或行业危机，甚至可能只是某种巧合而失业——对下一个接替他坐在那里审查文件的人来说，这也是错误决定的结果。有的婚姻可能会在共同生活多年后遭遇变故，但却无法向人诉说，因为这是自己当初的选择。有人患有某些疾病也不能归咎于命运，因为这只是他错误选择的结果：吃饭、喝酒、抽烟或工作过量。生下有残疾的孩子也可以看成是一项决定——你可能已经提前知道这一事实。即使没有神的内在世俗救赎，今天多数不幸的命运也都可以或多或少通过自己的选择来加以解释：错误的教派、错误的宗教、错误的信仰——神自己似乎失去了决策能力，然而，如果你认为神无所不知，那你就不需要做出什么决定了。

无论如何，我们人类要做出的决定都是越来越多，也许这一描述很惹眼，因为这意味着我们可以自己做出决定了。许多社会政治冲突都已证明，它们使得更多的人都可以自己决定自身的处境。然而，殊不知我们的核心竞争力就是拥有彻底的决定防范机制。

如果确实是依据未知信息、偶然性或某种胆识做出决定，那么在许多专业领域无须明确做出决定真是一件幸事。例如，在一次手术中，如果只需外科医生做出寥寥几个决定，我将不胜感激。如果他确知自己在做什么，那是最好了，因为他只需在他没有把握的地方做出决定即可。这种情况有时也会发生，但其专业性应该使决策的比例尽可能低。同样，我不希望飞行员在开始着陆前还要决定是否要放下着陆襟翼，因为这可能是他最后一次机会！

专业化还意味着自动化和完全集中，当你惯用的自动化程序不起作用时，你就必须一次性做出决定。就飞行而言，重要的是要密切计算计算机能完成多少程序操作，而不再是飞行员的专业水平。甚至更多的计算机辅助自动化操作都是可能的，但为了保持飞行员的注意，还是需要飞行员进行常规操作，例如调整某些襟翼位置或放下起落架。必要时，飞行员还有权决定介入这些准反射式自由操作。但对一次飞行而言，他更希望尽可能少做决定，而不是希望施展专业技能做出关键决定，但从严格意义上来说，这样一来控制台也就不知道飞行员的存在了。

在这层意义上，我们把现代社会描述为一个决策社会。但我们也确实只有在一小部分行动上需要做出决定。我们的所作所为大都是我们自己完成的，所以我们必然且不可避免地会纠缠于现在发生的事情。我们并不清楚那些被看成是决定的情形（例如事后看来）以及真正刻意做出决定的情形是什么。因此，哲学家们，特别是那些从事伦理学研究的哲学家们，每每说起话来，给人的感觉仿佛生命过程只不过就是权衡理由好坏——好像有一个人永远都站在我们旁边，审视我们一举一动的所有理由一样，对此我常常惊愕不已。这让我想起了房地产银行测试中的一些程序设置，在自动化地认定"有发行在外股＝有"这一指导思想后就可以盲目行事。还有人认为"行为＝理由"然后就纳闷社会上发生的事情并不符合哲学课上讲的"理性世界"，在我看来同样盲目。

这会儿我已回到酒店，我很高兴在这里不用做出重大决定。我有些倦意，便倒在床上——不是因为思考了这么多，而是这漫长的一天着实把我折腾得不轻。赶紧上床睡觉，我确信这就是此刻最正确的做法。

第六章 改变：为什么社会如此难以改变

从柏林-泰格尔机场到御林广场，打车只需 20 分钟。我要去参加一场由一家牵头成立某基金会的银行主办的会议，会议在该银行办公大楼举行，主题是宽容：跨文化及跨信仰宽容、对其他生活方式的宽容，以及审美宽容。我应邀参加这次为期两天的会议，主办方希望我在会议临近尾声时谈谈"宽容悖论"并在会议结束时做一评述。

出租车司机是一位男性，随后我得知他来自巴基斯坦。听到我要前往的目的地后，他问我这家著名银行的大楼里边有什么事要发生。他听同事说从泰格尔机场到这幢大楼之间的交通非常繁忙。

我告诉他我是去参加一个关于宽容的会议。司机先是大笑起来，说哪家银行会跟这个话题扯上关系。但后来他突然醒悟："嗯，他们在世界各地奔波，难免要跟我们这样的人打交道。谈论宽容也好，就让它像蝗虫一样在世界各地传播吧。"

这一反应让我极为震惊，我略带天真地反驳道：试想你在经营一家企业，而这家企业在世界上大多数国家都设有运营机构，员工有着不同的文化背景，你自然有必要考虑一下宽容问题。"你这是在跟我谈'多元化管理'。这种事我很清楚。我在多家公司实习时都曾遇到过这种问题。这纯属无稽之谈。"

后来我从谈话中得知，这位出租车司机是一位商科毕业生，他一直在寻找一份体面的工作，但因现在没有见习或实习安排，他只能开出租车，这种情形已经持续很长一段时间了。"我就是多样性的实例——我们就是要依照配额生活。"这话听起来很是辛酸刻薄。"我不接受宽容。你知道什么时候需要宽容吗？一方鄙视另一方的时候。唯一需要宽容的是外来的东西，那些无论如何都不能被接受的东西。即使一个柏林穆斯林不喜欢咖喱香肠，他也不必宽容那些享用咖喱香肠的人，而是可以自言自语：'好吧，这是咖喱香肠。但我不喜欢。'然而，生性好战的素食主义者就必须宽容那些享用咖喱香肠的人，因为他实际上鄙视他们。我一直都在遇到这种情况。因为我是穆斯林、我是外国人、我皮肤黝黑，等等，我会被宽容。对我来说，这比人们之间的正常仇恨还要

第六章 改变：为什么社会如此难以改变

糟糕，因为我至少可以反过来去报仇，而且我很清楚自己的身份。我也要感谢您屈尊对我表示宽容。"

这正是我在这次会议结束时要谈的"宽容悖论"，这一定会刺痛那些力主普遍性宽容的高尚主张。距离会上最后发言还有一天半时间，现在有了切身体验，我可以提前发表评论。但司机还没说完："你知道还有更糟的吗？仇恨和爱情都是两方面相互作用，而宽容则是单方面的。在这里我可以被宽容——但也正是这一点我不能宽容。作为生活在这里的穆斯林基督徒，我无法宽容这一点——但你可以宽容我。"从这无力的评论中可以听出，在巴基斯坦事情可能完全是相反的情形。他肯定地说："在那里情况恰好颠倒过来，是单方面颠倒，只要我们生活在一个依赖宽容的世界里，也就什么都改变不了。"

目的地到了，我付过车费下了车。走进这座举行会议的大楼，能够感受到一种后现代复杂高雅的气息，玻璃结构和镀铬家具与古典主义元素和坚实的大理石相映成趣。大楼内，一场高度专业化有组织的会议正在有条不紊地进行着。我登记过自己的姓名后便直奔我的位置。

刚坐好没两分钟，基金会主席的开场介绍就开始了。她表示，该银行是一家全球性企业，在日常生活中宽容相待是

一种特殊挑战。大家来源不同，国籍不同，宗教信仰不同，
肤色不同，但却都在这里共同工作：齐心协力，做好工作，
为实现全球化目标贡献自己的力量。这一介绍性发言在预料
之中，完全证实了出租车司机的预测。

但首先我很好奇。这次会议非常重要，有各国人员参
与，并且承诺会有亮点呈现。与此同时，我则怀疑人们是否
不会屈从于一种假定每个人都必须同意的迫切要求，我还怀
疑人们是否已经忘记，在可以假设的情况下，一致同意的能
力是没有意义的。但无论如何，大约四百名听众都满怀感激
地接受了这一开场白。奇怪的是，听众兼具同质性和异质
性，除了银行员工，还包括国际金融业务从业人员，以及国
家和非政府组织成员。也有代理及研究机构人员，包括新闻
界人士、科学家、神职人员，甚至还有地方和国家政要等。

与会人员名单尤其令人印象深刻。巴基斯坦裔伦敦作家
塔里克·阿里（Tariq Ali）一方面谈论伊斯兰教主义者的原
教旨主义，另一方面则谈论西方根本不理解中东社会现实。
匈牙利作家、诺贝尔文学奖得主伊姆雷·凯尔泰斯（Imre
Kertész）曾先后被囚禁于奥斯威辛集中营和布痕瓦尔德集中
营，他的演讲极富个性，给听众留下了深刻的印象，其中提
到他是匈牙利犹太人，用匈牙利语写作，他最近搬到柏林，

第六章 改变：为什么社会如此难以改变

客居德国，从而进一步体验到了欧洲多样性。顺便说一下，他是现场唯一用德语发表演讲的人。

《国际先驱论坛报》负责人彼得·戈德马克（Peter Goldmark）强有力地指出，在全球化世界中，我们都是少数群体，因此我们不能再假装这个世界的参照群体仅限于我们自身。但是，少数群体对差异更加敏感，所以他们也具有较高的潜在宽容度。建筑师丹尼尔·里伯斯金（Daniel Libeskind）悲哀地指出，我们都在一条船上——整个世界是一条船，因此宽容既是沟通问题，也是诫命。天主教神学家兼世界伦理基金会主席孔汉思（Hans Küng）曾与梵蒂冈有过冲突[1]，他在演讲中倡导"建立开放心态"，让民族、种族和宗教多样性不再是一种威胁，而是一种可能的财富。

发言者还有很多，这里仅列举几例；会议话题转换频繁，大多数都是热情洋溢，大多数时候人们都在点头称是。各种辩论也时有发生，但并没有决定性改观，因为与会人员都很清楚，各种评判不断抛出，居高临下，你不能不赞同。人们不免会觉得，所有关注的背后隐约都包含一种共同观

---

[1] 孔汉思（1928— ）是最具影响力的反对罗马的直言批评者。他在《使徒的承继》（Apostolic Succession, 1968）一书中提出，先知、教师及其他有才能人士能拥有如使徒一样的承袭权，并质疑教皇的权力是否永不倾倒。这本书令他失去了天主教教师的职位。——译注

点：我们有很多事情要做，因为我们认为那些世界性的、跨文化的及道德的标准都是虚假的力量，是世界上各种摩擦的根源。往大里说，有"9·11"事件；往小里说，有在一个部门共事的穆斯林/残疾人/黑人同事。这一描述带有揶揄成分，不算公平，因为我很少见过这么多显赫人士在那样的场合抛出如此多美好的思想。不过，除此之外，你还能指望听到什么？

"问题在于改变世界！"美国著名法学兼政治学教授杰弗里·艾布拉姆森（Jeffrey Abramson）引用了这一表述（加州最高法院的其他几位顾问也曾引用过）——否则又该怎样？马克思在著名的《关于费尔巴哈的提纲》第十一条中指出，哲学家们只是在用不同的方式解释世界，而问题则在于改变世界。

艾布拉姆森收获了很多掌声，他不仅提出了抽象的主张，还辅以传记体的例证。1970年代，当时还是一个年轻人的他参与了饥饿援助工作，用小船将食物运到孟加拉国。然而在那里，援助食物很难到达真正需要的人手中，因为当时联合国认为这个新成立的国家应该自行分配食物。这种强化国家自治的外交举措让许多人付出了生命的代价。对此，艾布拉姆森也无能为力，因为善意并没有起到预期效果，因

第六章 改变：为什么社会如此难以改变

为官僚们把官僚政治和军事问题都作为军事因素考虑。这就是为什么必须改变世界的原因。今天事情依然如此。宽容和团结是一个有关态度、善意和启蒙的问题。所以这两天人们选择齐聚柏林也就可以理解了。

讲述这个故事用意何在？我认为这是一幅写照，它刻画出了我们大多数人想象社会变化的方式：他们消解积怨，提出概念，并用道德热情来呈现他们的概念；特别是人们聚在一起，最终就未来目标达成共识。但也正是由于这个原因，这种目标明确的变化通常很难实现。因为真诚的自我放大、良好的理由和个人态度都无法让人们吐出积怨。

柏林会议就是一个典型案例，它通过自我强化的沟通来制定和稳定目标：来自不同社会领域且有着截然不同视角的人们聚在一起，相互鼓励，制定一个重要目标。这一人群数量众多，情况不一；一方面，他们来自世界上最多元化的文化，另一方面，他们又来自不同专业领域：银行家和政治家、法学家和神学家、组织开发者和人权活动家、社会科学家和作家、新闻记者和企业家。他们相互鼓励，在道德层面上强烈寻求宽容。

对宽容来说，最有效的理据并不是道德因素，而是在交际的自我放大中从美学角度体现出的统一，再考虑到这些参会人员就是躯体、生活和语言多样性的自我体现，这一点就会更加明确。我非常清楚，他们邀请我来参加会议并做最后发言，并不是因为我是一位聪明的社会学家，而是因为我的姓氏（与我的名字形成鲜明对照）已经表明我并不是古老的西威斯特伐利亚领地的贵族，但一定又有什么东方渊源。所有这些因素都营造出一种氛围，使得情境的美感得以自我增强，人们很难想象还有人会有充分理由不表示赞同。

这里的组织配合也不例外，并由此提供了一个范例来了解人们怎么会渴望改变：寻求美学上合理且道义上强烈的理由来突出人们想要实现的目标。在大多数情况下，这些不同形式的交流与价值观都会形成激烈冲突。针对这一危机，应当首先考虑内心真实想法并采取适当举措，而不是考虑那种具有政治目标真实性的政治觉悟，也不是那种个人主义的共同利益。良好的意图主要是针对不良意图来实施。如果人们倾听关于世界危机的公开言论，这种呼吁就会被抹杀。

这些观点在各种论坛上表达最为有效，因为在论坛上人们不会真正表示反对。在柏林，尽管宽容途径不同，但毫无疑问，宽容的态度表明了尽快解决关键问题的必要性。美学层面的解决方案看起来似乎仅仅取决于人们想要实现目标的良好意愿。那么，为什么改变世界仍然如此困难呢？很多人都会有这种疑问,包括所有相信有充分理由去实现他们目标的人。

道德要求的荒谬之处在于,道德实际上只在不需要时才会起作用,即当别人也信奉道德要求时。但那些不信奉这一点的人面对摆出来的道德要求却是根本不会为其所动。例如,只有认真考虑摒弃道德要求(戒律也会让人产生内疚感),婚前或婚外性行为才不会出于道德原因而受指责。如果情况并非如此,它就将受到惩罚或被相应加以控制。这对那些要求宽容不同文化和生活方式的善意举动同样适用。真正的分裂主义者和原教旨主义者不会仅仅被世界性需求所打动,所以信奉普遍主义的世界主义者正在缩减成一个特殊群体。世界由此变得难以改变,即使人们有最充分的理由。

改变世界需要充分的理由——我们有充分的理由表示宽容,不妨考虑一下那位巴基斯坦出租车司机所演绎的奇怪悖谬。寻求充分理由来恰当管理生活属于西方个人主义"自我"概念的基本原则。世界就是一个客体,应该可以变得更好——鉴于世界人口众多,首先需要每个鲜活的个体变得更好。他需要去发掘自己的内在态度、内在动机,进而采取个体行动。如果说这种意义上的生活是一种有充分理由的生活,那这种生活就是成功的。由此像教育小说这样的文学形式也就应运而生，所以宗教已经日益成为一种伦理维度，而业已确定的生活方式也是如此，人们必须从事某种职业，过自己的生活。

虽然这个想法很吸引人，但却并不特别现实。通常认为，改变世界基本上就是一个改变个体态度的问题，所以我们必须确保我们有充分的理由。人们对自己的务实作风不同程度缺乏信心，这一点也可以从这样一个事实中看出：只有满怀热情且略带某种威仪，充分理由才会成为激发动力。充分理由需要某种同情才会起作用。

柏林会议完美地演绎了这一切。充分理由一一展现，自我演绎充分理由的人们悉数亮相，各种评判纷纷涌现，而这些评判最终都握手言欢，但实际上这些评判在会议进行过程中表现出了巨大的威力——而且在某种方式上就像一种通奏低音贯穿始终，特别是在会谈、茶歇和午餐时的讨论中，人们普遍怀疑：仅凭充分理由是无法解决问题的。

所以你必须用心倾听。尤其是美国代表从不同方面强调了变化。他们对权利大加抨击。保罗·米勒（Paul Miller）是一名来自华盛顿特区美国公平就业委员会的法学家兼代表，他主要研究职场宽容问题，他的讲座给我留下很深印象。也许他更接近现实，因为他并不关心世界文化的宏大方面，而是关注日常工作中各种具体的实践形式。他本着会议精神指出，这是一个促进宽容的问题，而且有充分理由不应歧视残疾工人。然而奇怪的是，我们在讨论歧视问题时，人们动辄就会表现出歧视，但你却永远都找不到充分理由。米勒对宽容需求几乎是感同身受，因为他自己就有身体缺陷。

但是，米勒从其亲身经历出发指出，仅仅启发人们并给予他们充分理由是不够的。即使人们认识到这些充分理由，也未必会相应行事。在社会心理学第一学期的课程中，这是一个极为常见的知识点：态度并不会自动导致恰当的行为。因此才会出现这样的情形：有些要求在言语表述上并无矛盾，但在行动中却是矛盾百出。人们一般都不会去数落外国女婿或外国媳妇的不是——他们的态度非常宽容，但要是自己的孩子成为这样一个人选，你仍会感到不舒服。许多研究都表明，在谈及家务活时丈夫会变成激进的平等主义者，但他们在实际生活中做得却并不多。

同样，在米勒看来，雇佣残疾工人的做法也是含糊其辞，因为这是一个态度问题，既关系到残疾工人本身，也关系到残疾工人雇佣行为。在这里米勒摆出了法律制度。他说，如果事情不能凭借充分理由进行改变，那就必须诉诸法律规则，他引用马丁·路德·金在1956年的演讲内容："道德不能通过法律强制实施,行为则可以通过法律进行管控。法律不能强制我的雇主去关爱我,但却可以防止他因我的肤色而拒绝雇佣我。"

美国社会之所以高度重视法律法规、引用以及歧视问题立法,正是因为那些人们认为道德上正确并且坚持的行为无法勘察确定。冷静来看,社会只能采用管制及准许的方式加以改变,跟欧洲人相比,美国人的交流方式更加令人同情。美国人谈论法律的力量和平等标准的订立;以及更重要的是,法律制度的超党派属性,全都充满了异域的同情。米勒的这场讲座也算与会议基调相吻合。

那么,为什么社会很难改变呢?基本上有两方面原因:一方面,道德要求只对那些感受到其约束的人具有约束力;另一方面,道德要求并非我们大多数人所奉行的态度和信念。由于人们清醒地认识到这一点,所以像这次柏林会议可能也会发展成为这种可悲的形式。

第一天晚上,听众有机会共用晚餐,进一步广泛交流。现场气氛非常融洽,这也是因为人们感觉自己站在正确的一边。但人们也并不是没有注意到世界难以改变。我对其中一张饭桌上的谈话记忆犹新:大家先是对自助美食大加赞赏,然后我主导了桌上的谈话。桌上有一位美国人权活动家、一家德国公司机会均等部门的负责人和德国一执政党青年政治家。我们谈到,如果恰当的行为并不依赖适当的信念,是否仍然可以认为这一恰当行为是正确的,对此大家展开了激烈的辩论。那位人权活动家批评配额规则和过多的立法行为,呼吁各公司和教育系统乃至整个社会都要积极了解情况,以便改变信仰。

"你完全正确,"那位机会均等部门负责人说道,"但我们不能简单地规定实施正确的信仰,我们只能看女性、残疾人、外国人是否因为这些原因而没有被雇用或没有获得晋升。""这就是为什么存在歧视的原因,"那位青年政治家强调说,"这让人们有可乘之机,把机会均等当成一种权利,这一点与美国的情形类似。"他也把话题抛给了那位人权活动家。但那位人权活动家并没那么容易表示同意:"是的,我们已经向前迈进了一大步,我们颁布了《平权法案》,而且我们可以起诉歧视行为,但有时这样做会让事情变得更糟。因为这样一来,少数民族几乎得不到真正的尊重和认可。在这方面,什么都没有改变——在这一点上我几乎无法忍受。事实上,我只是不能忍受他们继续胡言乱语。而且他们也并没有变得更加宽容。"

这时我加入到了讨论中。我自己对那些僵化且流于形式的规定持怀疑态度,因为它们还是会引发矛盾。所以我曾在大学上诉委员会上听到这样的陈述:"这个位置上必须要有一位女性,因为性别因素没有发挥作用。"这样的论断真是天真至极,但这话又确实有理而且事实也确实如此。但我没有这样说,我说:"我相信我们的大部分日常行为都不受信仰驱使,而是受那些已经自我证明的习惯和实际行动驱使,而且我们也愿意重复并复制这些习惯和实际行动。我也相信信仰和态度是经验和习惯的结果。如果事情是合理的,那么它们也会令人信服。从这方面来看,这些规定大有意义。然后人们就可以习惯那些以前认为不可想象的事情。"

那位人权活动家惊骇不已:"这么说来,信仰并不真实?你可以习惯于各种可怕的信念?"我并未改变思路,而是继续说道:"这也是一种情况。甚至是那些可怕的信念,如种族主义、仇外心理、性别歧视,以及其他你还能想到的,也都必须证明是切合实际的,而且它们也要证明自己。"这句话撞到了那位年轻美国女士的枪口上:"你这是愤世嫉俗!我们能说反犹主义证明了它的价值吗?你是个德国人,怎么能说这种话?"

她已经有些出离愤怒,但我坚持认为这样的信念必须在具体情境下去理解并在这一意义上去证明——然后人们就会变得比他们认为的更有说服力。我指出,作为一个德国人,必须牢记那些被证明有关联的信仰是如何转念间获取的。我保留我的观点:事情的关键是要习惯于形式,然后是习惯于作为根基的信仰——哪怕我们的自我形象会比那位活动家努力打造的高大形象渺小得多。

情况还是出现了转机,特别是当那位机会均等委员会负责人证实,经过最初的鼓动,在一些部门某种实用主义正在蔓延,而这确实就是那种需要习惯的东西。令人惊讶的是,人们会迅速遗忘并假装一切本来如此。在这方面,她现在比活动之初更加相信她所在公司推行的平等措施。你不能强迫人们去关爱别人,但你可以让他们去习惯正确的事情。

我补充说,这可能比让人们被迫相互关爱而硬要相处要好得多——当然这只是开个玩笑,我的本意并非如此。最后,那位机会均等委员会负责人报告说他们正在制定一些规章制度。她认为管理层并未从良好的道德信念出发,而只是就事论事而已——其他公司也是这么做的,最后还有一些法律要求必须落实。晚餐已近尾声,机会均等委员会负责人叹息道:"必须要定下来。您说该怎么做?"

这个问题直击要害:我们该怎么做?不得不做出决定。在本次会议上发表的所有观点中,我注意到这些要求最终都指向了社会和人们的态度。但是，解决方案还是要依仗组织决策、法律规定、公司新规，明确像引用这样的客观标准，或对不当行为威胁进行处罚。所有这些措施取代了那些正确的信念。你不再需要那些信念，你可以创造其他一些信念，或许这些信念能够真正改变行动。但事实却可能正好相反：行动能够改变信念。

在这次会议上，没有一位发言人提出要改变社会。不过，改变各类组织如公司、政府机构、教会、学校、大学、协会和联盟等的呼声却是很高。没有组织机构，也就无法想象现代社会。没有公司、银行和交易所，就不能组织经济活动；没有大学，就没有科学发现；没有学校，就没有教育；没有教会，就不能普及宗教信仰；没有议会及其程序，没有政府及其治理，就没有政治意志的产生，更谈不上实施其政治意志；没有组织机构，就连艺术也无法想象，没有音乐厅、画廊、博物馆和剧院，你到哪里去欣赏艺术？没有组织完备的运动场馆、俱乐部和协会，各种体育活动也是完全不可想象的。

另一方面，则又可以说所有这些活动都发生在组织机构之外。事实上，你可以不去教堂，但你却一样可以相信神灵；你也可以不去学校学习；你也可以在国家组织机构或政

第六章 改变：为什么社会如此难以改变

党之外表达政治承诺；你也可以在公司以外（如酒吧）获得薪水。我们也可能会独自享受艺术。这一切皆有可能，因为这些事情最终会借助社会中有组织的领域来实现。私人资金支付也取决于中央银行，经济政策决策以及公司成功运营会确保货币稳定。博物馆之外的艺术享受也需要艺术公司的支持，这样的艺术公司会保持并进一步发展艺术的形式和风格。另外，个体需要拥有宗教经验才能真正亲身体验教会所维持的指导方针，并可以此为基础借鉴其形式和动机。

与此同时，各种组织机构给人的印象却是非常糟糕。这些"官僚机构"臃肿不堪，繁文缛节甚多。组织什么看起来并不重要，组织就是了。在社会的自我批评中，如果不需要具体指名道姓，组织机构就会出面负责。在人们的心目中，它们就是一台台机器，把原本富有创造性的人变成流水线工人、豌豆清点工和冷漠的盖章员。社会学家韦伯称其为"没有精神的专家"——如果我们真正关心这个世界，我们就会去关注那些官僚们，他们无所事事，只是刻板地遵循各种规章制度，而这些规章制度则莫名其妙的总是层出不穷。

最终，我们都从这些组织机构提供的服务中受益。就拿我来参加这次会议的行程来说，在没有相对严格的组织的社会中，这一行程应该不可能实现。要有一家航空公司愿意提供承运飞机和精力充沛的飞行员。我按下电脑按键,告知航空公司我的机票已支付,随即我就会收到自动发送的电子邮件,告诉我座位已经预定完毕。要有空乘人员控制这趟从慕尼黑到柏林的短程飞行。泰格尔机场的出租车司机并不是在等我,但他就等在那里,可以送我到指定地点——这也是组织的结果。会议所在大楼内的各项准备工作理所当然已经做好。铭牌已印制妥当,桌椅已摆放到位,参会名单已准备完毕,食物和卫生纸已经提供,如果有组织不周的地方或者发生什么差池,自会有联系人采取相应行动。当然,照明及音响用电已保障到位,咖啡机随时可用。所有这些都只是假设准备到位——当我们报告此类事件时,我们甚至都不会去描述这些准备细节。

各类组织机构保持世界正常运行,其中大都不受个人信仰支配。这些组织机构主要组织重复性的常规事务。组织机构使社会能够自我创建,保证各类项目实施,完成各种复杂的过程,因为它们成功地使得各项子任务及活动既相互独立又相互关联。组织机构是有效率的,这一点尤其表现在使活动的具体环节独立出来上。然而,这样一来,各种具体安排也会顺势体现出来,因为考虑要求实际完成的事情使人们专注于自己的常规做法和具体行动。人们在工作中可以完全不用关注公司全部事务。然而他却需要格外关注他所负责的特别任务，因此也就需要做出相应安排。

例如，在1940年代二战尚未结束时，德国国家铁路把数百万人送入集中营，从而颇有讽刺意味地完成了一项后勤保障"壮举"。而在更早几年前，同样是这套后勤保障设施则把人们送到夏日避暑胜地。这种后勤保障采用分工的方式，将目标分解为一些小目标，明确相应责任，再把各项子任务集中到一起，最终提高效率。老同行德国联邦铁路当时还未"去纳粹化"，冬天时它要为铁路联络点提供充足的煤炭以确保道岔不被冻住，它通过这种方式参与到了有组织的常规屠杀行动中。虽然它并不希望自己成为凶手，但它却的确杀了人。在经营过程中，随着两者合并为德国联邦铁路，这些错误信念也就得以固化。

这看起来可能有些夸大。但在组织机构中，你的确会在没有明确信仰、没有清晰目标、没有整体视角的情况下去做很多事情（无论它们是什么事情）。如果重申将我从慕尼黑带到柏林需要哪些安排，很明显这里面涉及诸多细节，尽管并不需要有人负责完成其中全部工作。此间没有一个参与者知道他把我从慕尼黑带到了柏林的会场——但所有的一切都顺利完成了。

我跟那些参与其中的人们并没有多少交流。我不必亲自去了解这趟航班的飞行员，飞行途中也没有要求乘务员分发饮料。我需要告诉出租车司机我要去的地方，但我没有问他要不要送我去那里。这样显而易见的惯常做法创造了一种奇怪的稳定性，而且无法再轻易改变。人们习惯于这些组织机构提供的这些惯常服务，也就不会再去寻求它们的意义——只要不出意外，一切仿佛都在自行运转。

因此，并没有多少人需要咨询服务，需要咨询的更多时候都是各类组织机构。公司、部委、行政部门、教会、大学、协会都可以作为组织机构提出咨询。它们会向咨询顾问了解如何改变流程以提高效率，或者增加宽容度。

这样的建议主要针对的并非人们的信念，而是如何组织某一组织机构的动能，以及如何组织其日常工作以更好地实现目标。为此，各类组织机构需要就自己所做的工作做出准确决策。它们需要接受咨询，因为它们的优势和弱点同根同源。它们的优势在于不会动辄受到刺激。如果一家公司或协会采用过某些惯例和程序，这些惯例和程序就会相对演变为危机。公司需要协调完成大量工作才能回归常态。这也是它们的弱点。即使过程可能不够充分，或者事情的发展方向完全错误，它们也会循规蹈矩，因为组织机构的变化注定不会太快。

所以或许组织机构的最大优势就在于它们可以有针对性地进行改变，而这则正是因为它们不只是会自我改变。由于组织机构非常稳定，那些会干预结构、流程、工作计划和具体参数的决策就会产生明显的后果。相关问题及行动必要性都会被纳入决策。一家公司可以自行确定它对待代表人数不足的黑人、外国人或残疾人的方式，有时这一方式甚至还可能是歧视性的。但它也可以明确规定，黑人、外国人或残疾人可以正常填补职位空缺或获得晋升。这样的决策显然可以作为改变组织机构的渠道。

虽然柏林会议设定了同情的基调，主要关注各种信仰及有关宽容主张的道德实质，但当谈及需要采取措施寻求改变时，大多数发言者都立即认为应该改变组织机构。人们信念坚定，发言踊跃。各类组织机构应该制定独立于各利益方信仰的新规则和流程，正如前述马丁·路德·金说过的情形，通过这种方式表示宽容。组织机构无法决定对其成员真正做到宽容，也无法真正走进少数群体的内心，但它完全可以决定其成员不会因某些特征而受到歧视。因此会上发言给了我们这样一个启示：世界和社会无法立即改变，但组织却可以改变。所以我们只能以改变组织机构的方式去改变世界。

这一结论看似平淡无奇，实则意味深长。也许我们这种类型的社会有一种巨大的优势，那就是我们无须称兄道弟，是强大的信念把我们的行动联系在一起，并且我们认同解决问题的正确方法。我们该如何对待异己？针对这一问题，这一机制可以保证组织机构决定一点：让宽容成为一个流程问题——信念因素可以稍微延迟再考虑。

一个社会越是独立于其成员的直接动机和信念，它就越是自由。这样的描述可能不像"四海之内皆兄弟""要改变的必须是人"这样的说法那样浪漫多情。然而，我们也可以制定这样的准则：情形的改变应减少流血事件的发生，减少让人们对他们所相信的人的要求。去做就是了！

因此，通过改变社会的组织机构来改变社会，是自由生活方式的表现。而生活方式越自由，就会有越多的人习惯于不去为自己的行为寻求强烈的信念。这应该算是一种很取巧的做法，因为改变组织机构的惯常做法也有可能会使其适应新的实践形式，例如宽容和多样性。

现在我们已经有理由说，组织机构也可以组织不容忍和排斥等相反方面的活动。事实上，它们有时确实也在这样做。但有一点很清楚，那就是所组织的活动绝对不是任意的。上面已两次提到马丁·路德·金，那就接着往下说吧：

第六章 改变：为什么社会如此难以改变

1960年代美国黑人可以主张自己的权利，这主要并不是因为人们的信仰日渐增强。他们之所以能够依靠权利，是因为这些权利原本就客观存在，而不是为他们专门规定的。某种意义上，这些权利也不是规定且实施这些权利的人的原本意图。如果人们只是等待确定的安排，那么直到今天美国南部各州的黑人可能还会坐在公共汽车上的特定座位上。然而，权利的形成和组织方式则会随着时间及相应信仰的变化而变化。

所以，如果我们只能以组织机构的形式影响社会，组织机构的界限就会发挥重要作用。有一点需要我们脑筋转过弯来：我认为正是因为组织者视野有限，才为社会提供了独立改变的能力。因为我们不可能从总体上去彻底改变它们，所以自由仍然存在，它们只是在改变自己。

组织机构只能组织可以组织的内容：过程、常规、责任和资源，即对主要形式参数的管理。组织决策不会介入那些如实际的创造性活动和直接执行的任务等具体过程。可以套用一条简单的准则：组织机构保障社会提供连续性，制定规则和常规，做出有约束力的决定。它们别无选择只能是等待相应无法阻止的事件的发生。

组织机构是连续性媒介，但其中大部分都不具备这种连续性，而只是不甘等待做些什么。提升大学教研水平这个例子就可以充分说明这一点。你如何设定目标提高德国科学研究的国际竞争力？你如何为当前教育政策和科学树立卓越的口碑？

可以想到寻求科学家的帮助，提升他们的荣誉感，要求他们工作更加努力。当然，这种想法未免太过天真。因此，你会去组织你可以组织的东西：你归拢研究重点，你让个体研究湮没于大型群体背后，这样你就可以集中确定内容，发明评分和排名系统，通过浮动工资营造激励机制，也有人会让学生参与进来做一些工作并付给他们报酬。但这一揽子措施与狭义上突出的教研问题全都无关，而只与你的组织有关。然而，这些事情的组织者的信念有时却是荒谬的。大学行政化现象非常严重，而这则进一步强化了他们的信仰。

人们对这些行动机构笃信不已，而这实则是对学习者和学生的群体学习理念的极大嘲讽。当人们想要改进教研时，它会嘲讽那种首要关注学术和教学创造力的想法。当然，批评改革机制是可以理解的，但有一点却被忽略了，那就是这一机制根本无法组织。世界上这种变化的巨大优势在于它们明确回避了如下问题：更好的教研实际上应该是什么样的？科学家的思想和行为如何能够实际改进？事实上，甚至就连

第六章 改变：为什么社会如此难以改变

如何界定"更好"都是一个问题。

我们都会反对教授们那些无脑但有组织的古怪行为，但我们应该感到高兴的是，只有这些是可以决定的，而真正相关的问题则无从决定。我们都在参与这些毫无意义的事情，在我们手中事情分分合合，无休无止。我们想当然地把对意大利西西里岛的研究发现原封不动地搬到对挪威北角（North Cape）的研究中，并引入内外部评估及比较参数。我们虽然并未真正前往实地进行测量，但却早已假定了可以在那里测量的东西。在这方面，那些能够最好地适应应用的参数的人往往会获得成功。

据推测，各公司、部委、行政部门、教会和大学等组织机构连年都在进行改革重组，其深层意义在于，这些组织机构正是可以进行实际干预的突破口。只有组织机构才能真正堂而皇之地做出决定。

现代社会要求组织机构不仅能够在商业、政治、教育和科学等核心领域表现出效率、重复性和可预见性，而且还要做出明确的决策，让个体参与社会"工作"并人尽其用。组织机构还会给你一种错觉：你可以通过不断重新创造来实际改变些什么——然后事情就会变得更好。

这种错觉卓有成效，因为它的效果自相矛盾并颇有讽刺意味。这里我们不妨再次重申一下,只有可以组织的东西(即那些可以纳入决策过程的东西)是能够决定的。用现在好听的话来说就是"各归其位",这意味着你可以反复梳理这些事情,但也仅此而已。

专业知识和建议越来越多地被用来部署这些流程。大笔预算被花掉,一遍又一遍地对事情进行重新组织,以确保下面这样的错觉不要幻灭:对组织机构的决策进行有针对性的改变将会实现预期的改变。事实上,这比想要做的事情还要困难,而这也是游戏规则的一部分,可以让我们更清楚地看到组织机构的长处和短处。

以大学改革为例,大量资金投入其中以免发生关键问题,因为这些问题会带来巨大风险。想象一下,你面临着探索什么,如何探索,应该是什么,应该开发、生产或相信什么,以及如何做到这些等问题,你不得不做出有约束力的决定。想象一下,如果你想创造性地停开某一课程,你就需要考虑老师在学生面前应该如何表现自己。对组织机构进行组织只是一方面。另一方面,这个世界也具有非组织能力。

这里提到的世界或社会的非组织性,是指我们不能把社会想象成一个统一体、一个所有事物都有因果关系的连续空间。或许人们会把社会视为各种未经调和且不甘等待的行为的规律连接，这种连接既无法控制，也不能调节。新生事物层出不穷，主要就是因为事物间大体没有关联。社会只包括现在正在发生的事情。它总是不可避免地会发生变化：自身改变自己，有时不知不觉，有时则是不规律的。

另一方面，组织机构则试图克服所有这些问题：它们模拟出连续空间，找出可以计划和控制的因果关系，确保连续性和明确的成员资格，使流程变得透明化，对模糊的边界进行界定从而使其不太可能发生改变。而也正因如此，你才可以改变它们。这听起来有些矛盾，但我们必须适应这样一个事实：组织机构的变化是我们与这个不断自我变化的世界进行互动的唯一方式。

最终，那些重要改进、创新、令人新奇的东西出现了，而没有经过组织者的组织。这可能是科学家的开创性想法，或者是他毕生坚持研究的一个问题；可能是开创新机遇的一个天才的商业理念；可能是老师在教室或礼堂努力传递的一个声音，它会比教学计划和板书内容传递出更多信息；可能是牧师适时的沉默，它会引导信徒领悟他的意图——所有这一切都绕开了组织机构，而一旦有人决定对其进行组织，这一切就会消失。

但是，你不应该从这里面得出任何错误结论。颇为矛盾的是，组织机构关注的是框架和生态位，依存于社会进化的各种变异和选择就发生于此——如果一切顺利的话。所以，尽管我们希望大学改革的努力也能反映出我们对教研的真正需求，尽管我们希望人们真正能够相互容忍，但我们应该感到高兴的是，这些改革只是组织者所关心的改革。

只有在那样的实际行动中，在那些真正能发生变化但基本又无须组织的不甘等待的行动中，才会发生令人兴奋的事情。整个世界以及整个社会都无法改变——它们正在彼此等待。实际上，人们必须接受这种矛盾性：正是因为社会不能改变，所以它才可以一次又一次地改变！

我深信，那些关键的创新和变化，甚至是世界的改进，正是发生在那些未经组织的位置——在那里可以做正确的事情，然后可以继续追求。前边我们已经举过这些例子：那位天才的商业理念，那位教师的教学手法，那位牧师的沉默，在不宽容的环境中少数人表现出的容忍姿态。正是在这些突破常规的举动中，新的事物诞生了。在不甘等待的具体行动场景中，新的事物必定会发生。在宗教的情境下，人们则会谈到启示。

也许这听起来很天真，毕竟，这些微不足道的个体变化又能导致什么呢？然而，值得注意的是，专制政权是何等害怕其地位会随着社会的演变而改变。它们对无法组织的事情深表怀疑。这就是专制政权主要依靠大量组织机构和集中决策程序的原因。它们花费大量精力来控制社会中无法组织的区域。在接管政权后，革命运动会接踵而至，建立一套严格的控制、监督和决策机构，这套机构特别关注那些不甘等待的日常行动。就拿原民主德国来说，这种做法的效果很有意思：大量信息都被搜集起来以期作为集中决策的基础，但却很难对其进行组织整理。

从这些日常生活场景化的特写镜头中，我们可以感受到独裁政权的恐惧，庆幸的是，世界并不会因为哪个决定而真正发生改变——而这则正是改变的基础。东欧政权的终结正是从这里开始的（除了经济破产）：那些无法组织的社会领域可以自我完成改变，而就连最为专制的政权也无法改变这些领域。也许今天的全球互联网就是一个无组织的媒介，它使得专制者介入那些不甘等待的行动变得越来越难。如果说此前的革命者首先会选择将重工业国有化的话，那么今天如有可能，他们将会第一个选择关闭互联网。

自由社会可能需要这种自由的场所来规划和控制民众高涨的情绪，但最重要的是，它们需要对无组织的活动表现出基本的宽宏大度，因为只有在这种情况下，自由才会出现，也才会真正有其内涵。任何通过组织决策改变世界的人无疑都掌控着一个有效的杠杆。这有时候是有益的，事实上，再以这次会议为例，正是通过组织决策，我们才能让宽容更具可持续性，而不是呼吁参与者彼此之间称兄道弟。

与此同时，也有一些人则满腔热情地寻求将那些想要改变世界的能力组织起来，这样做往往会导致极权主义发生。联系到近年来的大学改革，再看看专制者不时热衷于制定"五年计划"，两者可谓异曲同工。就像大学改革者怀疑每个教授都沉湎舒适的生活，公平机会官员们同样怀疑职场中的每个白人男性都有家长式殖民主义作风。可能这样说有些夸大其词，但这种不信任的姿态与那种组织机构无所不能的错觉却是不无干系。

然而，世界是无法组织的。因此，现代社会的基本结构都不可救药地呈现出自由形态，因为它们并不要求我们步调一致地去思考，去信仰。而这样一来也就使得世界和社会的变数不断增加——但又不同于组织机构介入其中所造成的那种效果显著的错觉。

就这一问题我可以预言，西方自由主义的行动方式，与全世界各种组织机构所采取的重要转换活动相类似。这种迹象非常明确。经济、政治和教育领域所进行的有组织的安排越是"现代",各种生活方式也就越有可能出现,其中,世界和社会的变化倾向于通过组织决策来实现,而不是通过对整个生活的严密管控来实现。就连大多数经济过程、媒体可见度,以及教育内容的全球化,也都确保了这一点,而无论相反的文化诉求如何。

这并不是西方文化帝国主义,而是社会发展的强大动因,即使像古巴这样的官僚集权主义政权,或者像伊朗这样的政教合一的国家,也必须经历这一切,社会只是存在于各种组织机构形式中。社会生活本身(人们的信仰和各种具有创造性活动的发生)既不能真正加以改变,也不能加以控制。

也许社会的自由性源于对其组织机构进行控制的错觉,这一点可以从专制政权的例子中看出,官僚控制以及试图用创造性方法去逃避它的现象日益增加。由于世界无法组织,整个社会也就不能以专制的方式加以整体控制。这个例子还表明:世界之所以能被改变正是因为它最终不能被改变。这可能是一种乐观的看法,但这种乐观主义并不是从信仰、理由和动机中去寻求希望,而是从动态的社会生活本身那里去寻求希望。

柏林会议第二天的情形证实了现代社会多变性的两方

面特征，而且还存在数个版本。前边的例子已经表明宽容行为可以在细微的地方发生，并表明从长远来看，通过经济组织、教会和国家的决定实现宽容是可行的。在会议结束时，正如我在开始时所决定的那样，我讲述了那个出租车司机的故事，讨论了他对"宽容悖论"的精妙演绎。据此我推断，最宽容的社会实际上并不需要宽容。此外也还存在其他一些融合移民和少数群体的机制，如教育机会、语言技能，有时甚至是法规。

在我的印象中会上还是建设性意见居多（无论是在会议中还是在会议间歇的活动中），我记得还有一些针对那些无组织的不甘等待的人们的演讲，在这些演讲中展示了事情的真实场景。这种事情之所以能够取得成功，一个好的组织机构功不可没；与此同时，给无组织的事情提供一个可能发生的机会也非常重要。这两者都在改变世界。

第七章　技能：为什么精英的世界必须与众不同

乘坐公共交通工具的有趣之处就在于，你会无意间听到一些对话。尽管人们很想深入探听，但实际上却并不可能，因为这里有一个矛盾，即你要注意去听那些你并不想去听的东西。另一方面，你又经常会不期而遇获取一些令人激动的信息，给你留下深刻的印象。我在坐地铁前往慕尼黑奥登广场的途中就有过一次这样的经历。听到这段对话纯属幸运，因为我正要赶去参加一场见面会。

有三位老先生正在交谈，他们把一场危机归咎于"上边的人"，也就是政治领袖的无能。

"他们本来还可以更努力一些。他们让那些富人管理日常经济事务，也许他们本就与那些富人穿同一条裤子。"

"他们卖力地工作，其实根本不知道自己在干什么，让做什么就做什么，让说什么就说什么，真遇到什么事就相互扯皮。"

"他们应该知道该怎么做，这样就不会发生这样的事情了。"

三个人越说越激动，在他们看来，是那些"上边的人"做出了这些决策，而且最终也要为现在的局面负责。这应该算是一种封建专制世界观的残余：一群"统治阶层"骑在"老百姓"头上，按照他们自己的规则处理各种问题。最终，这么多"危机"中有哪一个需要去处理，以及"统治阶层"中都有哪些人等问题都已不再重要。直到今天，这种情形仍然没有太大改观。

现在看来，如果你认为这种情形太过天真，那你这种想法就太天真了，实际上，事情有时候就是这样发生的。这一说法不乏佐证，像责任追究这样的事情在各类媒体上屡见不鲜——要么就是醒目的字号，要么就是响亮的声音，而且越来越多所谓的优质媒体也都参与其间。政治、经济、科学、文化等领域中的各项事务都会落实责任到人，相关决定、进展和灾难等都是他们作为或不作为的结果。社会整体如何和发生的事情不好描述，但人们的动机和行动却是很好描述。我们可以描述人们是如何行动的，他们的动机和后果可以在他们的行动中体现出来。

如果遵循这一模式，整个世界也就只是一部贵族统治的

第七章 技能：为什么精英的世界必须与众不同

历史。因此，我们也就会听到各种呼吁和批评的声音，或者至少在地铁广播节目中总会听到一些故事，讲述一些人出了一些值得讨论的事情。这些故事把这个世界一览无余地展现在人们面前。广播节目中对危机进行批评，似乎都是在说人们做了什么事。他们的动机可能比这个世界更容易描绘，因为在这个世界上，动机会表现出来并发挥其功能。

回到地铁车厢里来，那三位老先生就像平时闲坐在桌旁那样交谈。但这种情形其实随处可见。就像几位大学老师聚在一起谈论那些"上边的人"对高等教育的改革是如何的错误一样，这听起来并没有多大区别。他们需要更好地了解"下边的人"，这种态度非常普遍——并没有太多别的考虑，只因这样可以更容易描述事情。

地铁上那三位老先生的谈话表明，我们人人都手执放大镜，这个世界看起来就是一个行动的世界，有其叙事主题。我们汇报自己的所作所为，但我们却几乎也是别无选择。什么人说他做什么了，又有什么人告诉他他做什么了。难道这不是同义反复吗？不是，因为你在描述自己的行动时可能会采取截然不同的方式，当然你并没有具体或刻意这样去做。

接着往下仔细审视，我们的动机并没有多少是充分理由，而更多的是机会、习惯或具体做法。但这些都不便于进行描述。在一些检讨场合你需要为一些明知不可为而为之的情形做出解释，就是这样的情况。文学作品在对日常情形进行描述的过程中也有脱离常规艺术审美的情形，这就为我们提供了一个非同寻常的视角。这种社会科学的描述也要保持一种"旁逸"视角，尽管可能少了美学角度的考虑。

但是，这种描述并不能更容易地去解释或讲述这个世界。因为我们总是在为自己的行为确定动机并习惯于所说的一切；我们可以对什么人出于什么原因做了什么事做出一致评判，即使你并不明确其动机！我们之所以习惯于这种形式，还有一个原因是，报纸、广播、电视和电脑上都在铺天盖地地向我们展示：是个人的行为创造了现实世界。在社会中，人是主导因素。

显然，那三位老先生对"上边的人"既尊重又鄙视。一方面，他们认为那些人有相当强的能力——他们相信那些问题必须通过主管的才干来处理。另一方面他们也在抱怨，尽管那些关键人物有能力，但却并未解决问题。这种不匹配真正为人所不齿。不管在任何情况下，他们都坚信这些问题在原则上是可以解决的，而且如果那些人履行其职责所在，真的想去做，问题还是能够解决的。按照这种模式，实际上随时都可提出批评，因为主要还是针对人的批评，只有人们相信他们有解决问题的能力,这种批评才会有意义。

仔细想来,对那些"上边的人"的抱怨有些太过幼稚——考虑到他们认为那些"上边的人"的能力本应更强,就像孩子们发现爸爸妈妈无能为力时会变得极为失望那样。现在看来,我在地铁上听到"那些上边的人应该了解更多"这样的批评也是由来已久,而这一批评则几乎没有去考虑那些"上边的人"的言行所处的实际情形。顺便说一下,这绝对不是在为拒绝批评找寻借口;相反,这是在呼吁拒绝那种不合时宜的态度,进而也是在呼吁进行更激烈的批评。

奥登广场站到了,我要在这里下车。我从三位老先生面前经过时,意识到我们有时真是幸运。之所以这么说,是因为今天上午我要去巴伐利亚州总理府上培训课,就巴伐利亚州总理府未来管理人员应该具备的能力问题举办研讨会。从地铁站到带有早期古典主义风格的卡尔王子宫步行需要十分钟,这段时间我就在盘算在研讨会开始环节先对三位同行乘客的谈话进行评论,因为他们最终提出了一个极为重要的问题:精英们需要做什么?而你们又到底能做什么?

总理府会定期对年轻官员进行培训,从中发掘具有高管潜质的人员,并将其安排到更重要的岗位上。我已当过数次类似课程的讲师,讲授什么是领导力和责任感,以及在当今社会最广义上的"精英"意味着什么。我与该计划的负责人，一位四十多岁的精干男士，以及一位令人印象深刻、退休已久的总理府官员一起，共同策划了研讨会的内容，试图形成一个合适的精英概念。我们不会给学员提供模板供他们进行自夸式描述，而更多是让他们去实际思考：在他们的领域内（而不仅仅是在他们的位置上），那些高管必须去做什么。

除了讲授程序性能力（即评估、干预、专业沟通的能力），该课程的设想中还包括学习了解巴伐利亚政府管理的各个领域。所以这些待选拔承担管理各部门更重要职责的人员必须获取实践经验。司法部的人体验青年福利部的实际事务；文化部的官员了解到经济部所面临的促进地区和部门发展的问题；最高权力机构的雇员则能迅速了解该部门是如何处理结构性问题的。

我觉得这个设想极具创新性，因为州行政部门（如果你愿意的话，也可以说是州府的精英们）必须非常熟悉并理解下面这一点：社会问题需要从政治事务的不同领域寻求角度加以解决，而这一点则往往很难理解。例如，青少年犯罪问题从青年福利角度来看与从司法角度来看就会有所不同。这些来自不同角度的观点都不容否认，而且不可避免地需要在某种程度上形成合力，进而成为州政策。

进而言之，所谓"在某种程度上"也就是这门领导力课程的思想，而且还不止这一点。各个领域的公务员在自身外其他领域实习阶段还要辅以熟悉社会其他领域事务，了解企业家、工会、教师、法官、宗教或医师从他们的角度出发对问题的看法。这样做的目的也是在于了解政治行为和政治调控的局限性，从社会学视角来说也就是州与社会的差别。当然，这并不是从党派政治纲领意义上而言的市场或个人公民应该照顾社会。这个问题更多关注的是州活动的结构性局限和社会的政治规范——进而再探求其可能性！

在这次活动中，我要汇集 25 名来自不同部委的候选人的不同观点。这并不意味着要磨合不同的经历，而是要了解这些观点的差异并加以批判性审视。

我向这些学员讲述了早上在地铁里听到的三位老先生的评判，话音未落就遭到一片强烈抗议。"纯属无稽之谈。"他们一个个表示反对，而且一个个都是越说越愤怒。大家都自由地表达了自己的想法，但在某种程度上也都是些老生常谈，没有任何信息价值。这时，一位来自司法部的学员提出了一个超越情感的关键问题："我们显然比自己原本料想的更值得信任，这倒有些意思。不管怎么说，在来上课之前，我还认为自己很清楚自己必须做什么，以及如何去解决原则上必须解决的问题。现在看来，等到课程结束后，我也该问问自己我们实际上可以做什么。"

另一位与会者表示："确实如此。我在经济事务部多次开过资格认证课程以帮助大学毕业生学员更好地融入公司，因为它们非常看重能力。直到最近我最大的对头仍在文化与科学部。"说这话时他还将目光转向了坐在一旁的两位同事，他们显然来自文化与科学部。"我现在更清楚了，就像在我们自己的行动中那样，我们所需要的能力通过适当的科学和学校政策同样难以建立。当我学有所成后，我就可以更好地去评估我们能做什么和不能做什么。"

来自司法部的同事赞同道："我的情况与上一位很相似。最近我一直在关注患者性格问题，我认为这一点在法律上写得很清楚，而事实也是这样，在法律上一切都写得明明白白。只是这在具体实践中却是作用不大。以前我认为这是完全不可能的。我从医生、医学协会、卫生部门的同事，特别是他们的联系人那里学到了很多以前从未接触过的东西。现在我知道我只能解决自己领域内的问题。"

研讨会继续进行，学员们分成小组讨论如何融合各部门的不同观点以及如何在具体实践中实现这一点并提出建议。大约一个小时后，大家回来汇报讨论结果，这些汇报并没有多大意思,都是要在未来一起携手解决这些问题,例如,青年援助事务部要进一步加强与司法部的联系,或者是经济部要进一步密切联系文化部的学校部门。但在另一方面,他们也都认为,脱离各自的专业知识去寻求通力合作既不可能也不明智。

我问那位司法部的同事,她是如何处理不同专业角度的观点碰撞的。她说:"我有很强的律师身份认同,同时我也是司法部的代表,在司法部我不仅能体会到自身能力有限,也会与人谈论这一点。在卫生部的一次活动中,我与一位医师官员发生了激烈争执。他试图向我表明,法律规定病人可以命令医生,但医疗具体实践并未因此而发生太大改变;从法律角度看,在医疗具体实践中原本岌岌可危的模糊性并非那么模糊不清。然而有些事情却也无法立法,例如,当患者已无药可救时,告知患者或其家属实情如何可以进一步满足信息完全透明的要求,但却很难这样去做。当我理解了这些限制时,我首先明白了法律规章的意义;我并未陷入身份认同危机,恰恰相反,到了这里我才意识到,对我而言法律角度必不可少。"

这种情况多少有些令人担忧,这并不是因为这个例子提到了生死,而是因为这位律师说话的角度实际上已经发生了变化。会议进一步讨论了这一案例涉及的情形,其他学员也汇报了非常相似的经历。最后,课程主管满怀同情地宣布课程顺利结束。

至少是在这次研讨会上我们充分讨论了精英必须做什么的问题。过去几十年来,围绕精英的思考几乎只涉及两个问题:精英入职问题和所谓的精英失败问题。就入职而言,人们发现精英主要来自特权阶层,他们大都是男性,有时并不完全称职。不幸的是,这一点儿都不会令人惊讶,因为其他所有因素完全无关紧要。即使在高度个性化的社会和民主政治环境下,职位和生活机会也都表现出世代延续性。

在德国,有关精英失败的抱怨不绝于耳。事实上,无论是在帝国时期还是在后来的魏玛共和国末期,德国的精英阶层几乎都没有表现出民主和西方倾向的潜力。当然,这些精英总是需要明确失败的原因,而原因则有很多,其中之一就是我们怀疑这些精英,同时我们还发现他们在自己的政治、经济、科学和文化领域的职位上做出了开创性决策。我们总是在想方设法让这个世界变得易于描述,在这里当我们需要描述人们的行动时,特别是人们做错了什么事情时,这一机制又一次生效。人们不可避免地会去批评精英们没有发挥其能力,或者不具备必要的技能。这种批评有时要比地铁上那三位老先生的评判更有力,但它总是会以最大化的方式达到高潮:实际上,如果你真的想做,你就一定能做到!

我认为这两个方面问题的辩论都很重要也都正确。但是关于出身和入职的问题,以及关于失败的问题,都没有解释清楚精英能做什么和不能做什么这一问题。也许改变招募方式,让更多女性、更多来自其他阶层的人或更多有"移民背景"的人进入精英职位,或许精英们做事会更加正确一些。但总体上还是不可能推导出第一个问题的答案。

这个问题可以借鉴第一章中提到的临床伦理委员会上或上述慕尼黑研讨中描述的跨领域经验。一方面,处于关键岗位的人需要具备相当的专业技能;另一方面,又必须打破固有的专家观点(通过其他专业能力来实现)。由此考虑到另一个专业能力的角度,他就会发现同一个问题或其他复杂问题复看起来会大有不同。

第一个条件即专业能力一直以来都是讨论的话题,用拉尔夫·达伦多夫(Ralf Dahrendorf)的话来说就是让部分精英实现柱状化[1]。社会的中心功能区域造就相应的精英:派

---

[1] 柱状化(pillarisation)是指一个社会按照宗教或意识形态被垂直分为若干柱状集团的现象。历史上这一现象最著名的例子是荷兰和比利时。不同的社会集团都有自己的报纸、政党、工会、银行、学校、医院、体育俱乐部,导致出现集团内成员与集团外成员少有接触的情况。——译注

头十足的政治人物、心灵手巧的艺术家、精于算计的商业老板、正义凛然的最高法官、仁慈的教会领袖，当然还有尽心尽职的教授。这种柱状化现象也就是社会学意义上的现代社会功能分化的表现。政治与法律、经济与宗教、艺术与科学的逻辑相互分离。我认为有些漫画式的精英类型可以很容易地归因于这些逻辑或功能之一，并可依照不同的规则和程序获得相应的职位。想要成为一名成功的政治家，你必须采取不同于成为一名成功商业领袖的方式。你需要有不同的"文化"、思维方式、心态和策略。对此，各种精英代表大概不会有什么不同意见。

最后又回到了研讨会的主题上：当这些逻辑进入对话相互交织时会发生什么？如果你身处具体情形而且必须要说些什么，情况又会怎样？我想答案是：你多少了解这个社会的结构。这个社会并非一个统一阵营，各中央机构彼此分离且相互独立以提高其自身效率并增加其自身机会。

科学真理使科学自身更加独立于宗教遏制和政治谄媚，这是欧洲现代化进程中的一种解放行为。还有一种解放行为，在经济市场中，文化渊源、政治信仰乃至宗教忏悔在原则上可能都毫无意义——在各种挫折中，解放过程一直在不断重复。解放的行为，或者至少是解放的效果，还表现在这

第七章 技能：为什么精英的世界必须与众不同

样一个有区别的社会不再认同"统治阶级"和贵族派系那种一切都来自单一阵容的决策。我们生活在一个异常复杂而又分化的社会中，尽管很多职位都有相当大的影响力和重大决策权，但因其抵制其他逻辑和职能，所以这些职位也就会被打破。甚至最强大的政治力量也会推动经济潜力和可行性的极限，不过，最大的经济潜力则是推动法律法规所设定的界限。在这个社会里，不存在绝对权力。20 世纪极权政治意识形态遭遇失败，也是由于在职能和逻辑的相互限制被践踏这一现代性条件下社会结构分崩离析所致。

我们必须习惯于接受下面这一点：在现代社会中，不同的力量既不会从上到下产生影响，也不是一种单一的因果关系。它们更类似于控制论中的循环和交互。政治、经济、科学、法律乃至宗教力量都是限制性的，它们相互强化或相互抵消进而强烈影响精英和决策者的行为。例如，关于某一问题的相关法律规定在医疗实践中被中立处理——这使得亚精英群体的权力荡然无存。同时，这也给问题的解决增加了变数。在这种情况下，你必须想象有些不属于"上边的人"的精英职位可以根据你的意愿进行转换和管理。

不同的社会逻辑和观点从来都不是真正相互独立存在的；时至今日，精英已经不可避免地成功实现"柱状化"，而人们则期待精英能够学会超越这一现象，寻求有效地转变这些依存关系。那位年轻的公务员身上就表现出了这一点，跟那位恪尽职守的姑息医生一样，在面临垂危患者的艰难处境时，他充分施展出了其对自身"柱状化"能力的自信，以及把事情本身相对化进行处理的能力。这里所呼吁的精英能力并不是一种抽象能力。这种能力无法在社会学意义上通过复制这些精英来获得，而是必须通过体验其他职位的实践来获得，以便协同解决常见问题。

我很清楚，我就现代社会所做的大多数评判并不是来源于社会学家们，而是来源于那些在研究中接触到的"告密者"——特别是那些跟我上过课的人、组织研讨会的人、提出咨询的人，以及来自不同行业各个公司的管理者、组织开发者或决策者、各部雇员、神职人员、艺术家，也包括大脑研究人员、日耳曼语学家、哲学家、医生、神学家和经济学家等在内的各领域科学家。这样的评判风险很大，因为看起来很像是谄媚。但事实上，我已经体验到了人们行为的社会学效力，尤其是在我遇到的那些反常规而行者以及那些能从社会学评判中受益者身上，即使这些社会学评判并没有解决他们的问题。就像医疗评判没有解决他们的法律问题，仍需诉诸司法部官员，但他们的法律意识却是因此而得到加强，我也是这样，来自其他视角的评判也让我的社会学意识变得更加清晰。

这些如同圣徒般的孤立支柱必须变成公务人员和决策者，一方面他们必须具备出色的专业才能，另一方面他们则必须能够跨越不同逻辑思维的差异。即使这些精英深陷差异困扰，他们也必须置差异于度外。他们需要变成寄生虫。我称他们为变异寄生虫并没有蔑视意味，而是说这些精英远远没有发挥他们的专业特长。但我们也不是在寻找那种一劳永逸的方法，实际情形恰恰相反。在从事交叉科学研究的科学家那里，在各种公司，在各种协会或教育机构那里，我曾多次遇到这种情形：只有那些在自己的学科或领域表现最出色的人、那些拥有明确而稳固的职位的人，以及那些不轻易妥协的人，才会表现出动能并会从其他人那里学习。

我们的社会高度分化且多元并存，不会强行抹杀不同观点。这些观点不可避免地会呈现出来，但今天我们必须学会以不同方式去加以处理。传统处理方式可能是，专家们把自己摆到适当的位置上以加强自己的观点。这样做可能也有一定的解放意义。但现在我们需要学会认识到，其他角度的观点可能会提供解决问题的其他途径。事实上，面对患者的性格，律师的处置方式跟医生的处置方式就会有所不同，这听起来再自然不过，但却并非微不足道，而是一个先决条件。这意味着精英必须学会如何应对这些问题——他们必须首先成为其所在领域最优秀的一员。他们的策略并非息事宁人，而是充满信心，可以听从他人指导或者至少不为他人所左右，因为你只会对给予过你安全感的人毫不动摇。

如何获取这些能力呢？培训和职业路径仍然表现出强烈的柱状化趋势。透过大学课程目录，差异化的现代社会形象几乎尽显无遗。各个院系按照与现代社会本身相同的中心逻辑和差异化量身设置各种课程，涵盖医学、政治、传媒、经济、宗教、教育、艺术、法律、文化、自然、治疗、技术、建筑乃至运动等各个领域。由此，这些培训课程也就助推这些亚精英群体完成了柱状化过程。

现在还没有必要改变这种结构，因为专业身份对于制定专业标准、搭建科学讨论平台，以及确保招募年轻人才来说非常重要。然而，大学则必须为学生提供机会，让他们同时选择不同科目，思想不要固化，从不同角度去观察问题的具体表现。所以你需要学会两点：一是强烈的专业认同，即具有专业视角的强烈认同；二是这种认同的不确定性，这表现在需要学习切身观察在这个多角度、多重编码而又有差异化的世界上事物发生时的**实际情形**。

"实际"这一表述之所以会一次又一次地悄然出现，主要是我想谨慎一些：因为思想的最大敌人就是"理论-实践迁移"这一理念，它假定"理论"是你可以在大学学习且科学地认识的东西，而"实践"则完全另当别论。人们误认为这里所说的"理论"本身就是实践。而事实上，在大学里实际可以体验到的东西并不是一定的知识的积累，而是一种视角主义的折射，即每个具体问题及其具体解决方案都可以相互关联。我们需要了解知识是如何产生的，以及如何在不同情况下实施不同培训，还需要懂得我们对世界的认识不仅是开放的，而且它们还限制了我们对世界的看法，只有这样我们才能通过大学教育学到实用内容。

"理论-实践迁移"理念认为需要充分运用现有知识，而精英需要做的则恰恰与此相反。实际上，这里需要提供方案解决具体问题以应对各种挑战，因为只有这一点可以从知识中推测出来，然后加以运用。精英必须切实做一些事情，并决定哪些事情无法从现有的知识中推断出来。

在前述研讨会上，那位司法人员可以运用她的法律知识精确地推断有关病人性格问题的法规，这是演绎思维。然而，她又必须归纳处理来自医学领域的全新信息、数据、经验和观点。考虑到这一层因素，也就需要组织一些场合，好让不同角度的观点可以在此进行有效交流。

或许人们需要从演绎思维转换为归纳思维。演绎思维总是首先提出一些准则、范畴、规则和惯例，再进而将其转换应用到具体个案中。这是多少有些漫画式的经典精英所沿用的基本范式，他们任何时候都知道自己该怎么做，不容他人指手画脚。虽然这样最终限制了任意性，但这就是归纳思考的全部内容。这不是一般原则问题，而是面对具体情况和具体问题寻求所需范畴来解决问题。原本人们没有交流，现在则开始谈话沟通，进而建立联系，这是任何组织结构图或服务路线图都无法提供的。在这个过程开始之前，一些路径就已经存在，只是尚未显现。迅速且无法估量的学习固然存在风险，但在这里则应当容许（而传统的统治原则及其守护者都已无立足之地）。

或许精英职位之间的差异即由此而生。显然，人们不应该认为精英只是"上边的人"或者只是处于那些高高在上的位置。我已指出，精英可以在任何位置存在，只要这些位置能够把他们从纯粹演绎性工作项目中解放出来并可灵活地适应新情形和新观点。

所以我们应该更多地去营造能够容许不确定事件发生的场所：临床伦理委员会、民意调查委员会、智库、公共讲坛、值得信赖的陪审团、跨学科研究小组、研讨会、圆桌聚会、公司、协会、工会、教会、大学（其实是大学各管理委员会）。在所有这些场所，人们关注的都是正在发生的事情，其他视角的逻辑和观点得以抽象出来，以各位鲜活的演讲者的口吻表达出来，而且必须选择合适的演讲形式以期找到解决方案。

只有更广泛地采取这种教学和学习活动，与其他形式的"理论-实践转移"培训相比，大学教育才能自证其合理性。大学要想真正成为精英的摇篮（这些精英能够有效地应对现代社会的分化），还需要更精确地考虑到教育质量问题。

因此，巴伐利亚各部高管研讨会这一设想从一开始就给我留下了深刻印象，因为它试图实际实施"分化寄生虫"意义上的精英概念。在我看来，这几乎就像是一个如何实际扩展能力的模型。公司、协会乃至教会也有类似情形，至少在这些场所我已提出并传播过"分化寄生虫"的概念。

有一点最能强烈影响公众关于精英的辩论，那就是精英们的利益，特别是金钱和权力，这一点在我的推理中还是缺失的。不过，这一缺失也有充分理由。如果说金钱和权力是行动的利益诉求和驱动力，那么在我看来这种说法则微不足道。毫无疑问，当精英们失败或者公认他们失败时，他们就会成为公众关注的人物。只是这种批评往往会指向精英对金钱和权力的欲望，我对这种认识表示怀疑。因为这种批评误解了一点，即精英总是在关注某些东西，而这些东西只能用金钱和权力来表达。

如果你过分关注这些衍生问题，你可能也就无法意识到真正发生的问题。我认为，在这里需要进一步慎重考虑"能力"这一概念。必须承认，"能力"这一概念的形成源自这样一种角度，即不仅要分析各种结构，而且作为大学教师还必须相信能力是可以学习的。想想那种再常见不过的批评：精英们只要愿意就能解决问题，换作是我，我就不会任由问题存在，我会设法解决问题。你真能做到吗？你可以不再满足于现状吗？我想说，是的！也许你应该想做更多。

我的推理，以及参加有关这个主题的研讨会和讲座的所有体验，实际上已经超越了地铁里三位老先生所说的："只要你想……"然而，在这种情况下，它则另当别论。并不是说精英只要想解决问题，问题就能轻易解决。鉴于现代社会高度复杂，这一切并不真正取决于你的意愿。但在有些情况下，你应该想到要解放自己的观点，学习借鉴他人的观点。这并不是说要实行"拿来主义"，而是说要理解那些观点并将其融入自己的观点。这才是精英应该努力去做的。

第八章 危机：为什么社会总是处于紧急状态

气候变化不可阻挡。充分就业还是幻想，但整个联邦共和国的社会体制都有赖于此。就个体出行而言，如果新兴国家照搬类似欧美的发展方式，将会产生灾难性后果。全世界有十几亿人口还在挨饿。大量人口既面临饮水和食物供给不足问题，也无法获得应有的教育。在一些中东国家，年轻人看不到未来只好投身原教旨主义恐怖组织。西方民主国家没有多少机会阻止恐怖主义发生。世界上工业化国家与其他国家的人口发展出现了相反的情形，将会造成灾难性后果。在富裕的工业化国家，贫困问题仍在延续。与中国的劳动力成本相比，西方国家没有竞争力。全球套利脆弱不堪，一旦崩溃，其危害将会比过去的军事对抗还要严重。西方国家居民体重增加，一方面使人们疾病缠身，另一方面则在摧毁医疗保健体系的金融基础。风光无限的媒体再也不能有效担当信息传播和教育的使命。很多工业化国家的债务状况制约了未来几代人的发展前景。随着全球范围内运输及流动的增强，新型病毒传播加剧，对人类构成巨大威胁。如此这般，永无止境。

这些都是我在报纸上读到的内容。此时是夏日的一个傍晚，我在布鲁塞尔机场等着乘飞机回家。如果是一个外星人想了解地球，当他读到这样一份报纸，不免会认为我们的世界令人沮丧，末日即将来临，无望得到拯救。而且这个世界还面临着许多实际挑战，特别是全球经济危机和气候变化问题使得它无法为继。如果一个人在认真读完这份报纸后还没有感到丝毫不安，那他真是有一副铁石心肠。

墙上的标语随处可见，不断提醒我们要改变事物，而且要从根本上去改变。现在这些文字不再沿用《启示录》风格，而是充斥着各种信息和评论。这份报纸上倒是没有说："那一千年完了，撒旦必从监牢里被释放，出来要迷惑地上四方的列国……"相反，上面说："极地冰冠融化和关键货币崩溃将会荡涤一切，别看现在看来稳定可靠，如果国家不加以控制……"其后果同样是毁灭性的，但却似乎可以通过恰当的行政手段来束缚撒旦。这不是一部拯救史，而是一部危机史，依稀带有一些《启示录》的意味。

与此同时，候机厅里也在上演一幕幕场景，只是情况正

第八章 危机：为什么社会总是处于紧急状态

相反。商店里的货物琳琅满目，顾客不吝购买名表和上好衣料。考虑到全世界所谓的危机，很难理解人们怎会从世界各地乘坐飞机平稳抵达这座欧洲大都市（从这里飞往世界各地的人也是不计其数）。危机何在？难道只在报纸上吗？就像《启示录》里只是给予撒旦的吗？

不管怎么说，今天下午一切看起来都再正常不过；不仅如此，而且人们似乎都是若无其事地在安心过自己的日子。管他什么气候变化，汽车照开不误；管他什么收入是否稳定，贷款照办不误。率性而为就是了。他们在机场盯着笔记本电脑，比较各种预期表格，期待资产负债表的结果，准备洽谈生意，对自己和这个世界显然是心满意足。我在报上读到人心惶惶，但那说的绝对不是他们。

我或许不该选择到机场去求证这一危机——是不是要到这座城市更加幸运更加繁华的地区去看一看呢？我会看到什么？危机吗？我怀疑自己会看到危机的后果，但却会是比较间接的后果，因为低收入群体的规模还在扩大。或者说他们刚刚失业——他们赶往慕尼黑各种职业介绍所，将会遇到那些"上面的"人，就像那些在机场等待商务航班的人，或者是那些待在装饰考究的办公室而且晋升前景光明的人，比如，今天那些成功商人。

也有一些"下边的"人，他们的生活中问题重重，危机让他们一蹶不振，他们就像报上描述的那样：**想要寻求逆转并热切盼望改变**。在这里，人们同样以某种方式挺过来并重新开始生活，他们的生活方式也变得稳定下来；这与他们会选择革命的理论预期大相径庭，这些理论仍然建立在绝望无助和随之而来的抗议这一团结形式的基础上。恰恰相反，只有资产阶级阶层才会选择集体抗议活动，比如下面这种情形：优质非教会公立学校推行改革举措禁止他们把子女送入昂贵的私立学校，对此他们会拒绝服从以便可以继续享受区别性优待。在这种情况下，还能说**一切正常**吗？

或者，我是否应该到真正灾难性的区域去看一看？那些棚户区或贫民区？世界各地那些儿童死于饥荒的地区？人权饱受践踏的地区？连最基本生活条件都无法得到保障的地区？当然，在这些地方我不会再说一切正常。但是，现代大众媒体连篇累牍地报道免费房屋、世界范围内的各种恐慌、全球性的社会不平等，看不出上／中／下层阶级之间有何区别。这一幕随时都在上演，而我们也早已对其习以为常。

到慕尼黑的航班现在已经准备登机了。我这次是来布鲁塞尔参加一个科学会议，已经出来两天了，现在可以说是归心似箭。尽管铺天盖地都是《启示录》式的危机报道，但

第八章 危机：为什么社会总是处于紧急状态

一切也都还在按部就班地进行。人们忙忙碌碌，重复着一直在做的事情。他们熟悉每一个手势的意思，根本不用费心去想。我的座位已预先订好，在左侧靠窗位置，我把拉杆箱放到行李舱，留下报纸，打算在这趟短途飞行中再看看。机上在介绍如果舱内压力下降该怎么办，而且现在必须关闭手机，这些我都知道，每次都是这样，平淡无奇。我即将开始这趟明明白白的飞行——不只是我，还有其他约一百八十名乘客，都在这架空中客车飞机里各自行动，旁若无人。

这种情形经常让我陷入无尽的沉思，因为这一切太正常了，尽管这一幕场景并没有人来导演（这一幕即便初演大抵也就如此）。在我看来，这一幕就是一幅生动的写照，反映了社会在某种程度上其实是在自我运行。

尽管实际情况跟预期基本一致，并且各种情形或多或少早已明确，但在社会实践舞台上并没有导演发出总体指令。就像一个初出茅庐的主持人硬着头皮做直播，没有预先排练，也没有改正机会，但无论如何都必须确保一切顺利进行。在这个阶段，一切几乎都没有中断，因为事情总是在以某种方式不断交织在一起。登机时什么都不需要做。不只是在这里，在我们日常生活中的其他场景里也是如此。看不出有一丝危机的迹象。所有的事情都完美地组织在一起，它们或多或少都是自发完成——我们也是如此。

此刻我已坐好。旁边一位男士也早已坐好，看其年龄应该在六十岁左右，一身黑色庄重打扮：亚麻裤子，不同寻常的夹克和立领衬衫。他友好地跟我打了招呼，然后便埋头看书。我瞥了一眼，是瑞士艺术家乌尔苏斯·威利（Ursus Wehrli）的《整理的艺术》，他擅长对名画进行各种整理。我记得邻座正在看的那一页上是梵高的卧室，屋子不大，有一张桌子、两把椅子和一张床，墙上挂着一些画作。威利把房间里的一切都打包放到了床上或者是塞到了床下，所以房间里空荡荡的，颇有些诡异。这本书很有趣。邻座乘客注意到我在关注他便报以微笑，随后又接着埋头阅读。

我又转而去思考准备日常危机报告，这实际上并未打断事情的正常进程。一切都在照常进行。有时是图片，而不是言辞或文字，会深深地激发起我们的意识，让我们认识到整个世界是如此的杂乱无章。在我的脑海中有两张照片一直挥之不去。一张是关于2005年在伊朗发生的事件，这一事件通过互联网传遍全球。图片上有两个年轻小伙，一个14岁，一个16岁，小一点的那个跟我儿子一样大。大一点的那个身穿一件白色的网球衫，小一点的那个则穿着一件蓝衬衫。他俩看起来像是朋友，这会儿本该在购物中心或步行区闲逛，或者应该去上学或在街上游荡，或者是去搞些恶作剧。但这两个人没有。他们被蒙住眼睛，身后是两个蒙面男子，正在往他们的脖子上套吊索，几分钟后他们就会被处死。这是一场公开处决案。他们被指控犯有同性恋罪行。

我曾多次看过这张照片，每次我都深感不安。这得从两个方面说起。一方面，我不相信会有这样的事情发生；另一方面，我又对此感到惊奇，因为就连这样的图片最终都没有产生什么后果。我们一次又一次地看到这些恐怖图片，它们有可能是关于处决、饥饿、痛苦、压迫和战争等。然而，这个世界仍在断续运转，好像什么都没发生。这里明明有一场危机——但我们却并未注意。

这一幕处决场景还可以有一种解释，即在那个国家存在一个未开化的小集团，它超越了所有理所当然的规范、文明，以及可能的认知标准。只要这个国家有所发展，就不会再有这样的情形了。但对第二张图片就无法找到这样的合理化解释。照片上，一个黑人小男孩坐在一辆装满麻袋的卡车前面，麻袋里装着谷物或大米。卡车由士兵把守，小男孩眼巴巴地看着，眼神中透露出对生活的绝望，显然难以维生——我们也可以从中感悟，人们只有在某些情况下才可以自力更生，但这种力量单凭他们自己绝对不可能拥有。

当今这个全球化世界上所有的不公正现象都在这张照片中尽显无遗。这一象征或许清楚地表明危机就在眼前，而且在社会中各种情形紧密地交织在一起。这个小男孩的形象似乎表明我们如何漠视个体生活，他们在艰难的处境下如何苦苦撑持，又遭受了何等的苦难。唯有使用这样复杂的句子才能充分描述我对这张照片的自发反应。我们对这样的图片找不到任何合理解释。但这个世界却并未屏住呼吸。她也没有回到正轨，而是无所畏惧，继续前行。这该如何解释？

事实上，在这架从布鲁塞尔飞往慕尼黑的汉莎航空班机上，人们不免会感觉一切运转流畅，就像加了润滑油一般。这场金融危机造成了很大的破坏，但这并没有让任何人远离平静生活。人人都在看报纸——我一直在看的那份报纸。如果想从审美角度否认媒体做出的危机诊断，这一幕麻木的场景就足矣。如果你真想了解目前所谓的危机，那就必须考虑这种矛盾差异：这个世界确实混乱不堪且已陷入危机，但与此同时所有日常活动都又平静无比。这一幕幕场景既不容置疑，又几乎让人无法容忍，可以说是一种无情的启示。

飞机起飞了，我已经看完了报纸，其中有一篇关于银行业危机成因的好文章。从标题来看，欧洲央行认为还无法预见银行业危机结束的时间。这篇文章抵消了当前的政治乐观主义，即欧盟成员国采取的国家控制措施已经控制了这一问题。它所描绘的场景令人安心，因为这一切都在预料之中，但在另一方面它又令人不安，因为在这些场景中，极端后果已见端倪。

邻座的男士此时放下了手头的小册子，他瞥了一眼我的报纸，喃喃说道："他们都进了监狱。过不了多久，他们又会兴风作浪，然后被解雇，领一笔遣散费回家。"说完这些话，他又自嘲地笑了笑。他先自报家门，然后问我是不是在金融部门工作。听说我是一位社会学家，他很是有些惊讶，感到有些意思，说我怎么看都不像是一位社会学家。

"这些人贪得无厌，糟糕透顶。他们把整个银行和金融体系玩弄于股掌，昧着良心做一些见不得人的勾当。他们根本没有正确的价值观，在他们眼里唯有金钱才是最重要的。社会上这部分人没有多少道德，我最不能忍受这一点。我认为社会缺乏真正的凝聚力。你是社会学家，你也会这么想，是吧？"这人非常开放，与我惺惺相惜，他期待着专业人士对他的社会凝聚力的直觉判断进行一番评估。

"我不同意你的看法。我认为西方现代性的一个重大危机可以透过这样一个事实来看，即社会凝聚力并不是太少了，而是太多了。"

邻座惊讶不已。"怎么会有太多的凝聚力呢？"

我回顾了这个国家的历史，早在 19 世纪初这个国家就创立了战争机器，在欧洲发动全面战争，这种局面一直持续到 20 世纪中叶。以前是各个皇室相互斗争，现在则演变成各国之间的斗争，并演化出全新而又可怕的维度，就像两次世界大战期间那样。在凝聚力多少这一点上，我认为绝对不是太少，而是太多了：一切都服从于"共同的"国家事业，不仅是在政治上，也包括工业生产、教育、艺术乃至宗教忏悔。社会只能被想象成命运共同体。

"抱歉打断一下，可那并不是真正的凝聚力，而是一种曲解。这些不同形式的凝聚力总是排斥其他群体，如外国人、犹太人、少数民族等。"邻座激烈地发表抗议，并再次恳求回归真正的共同体和凝聚力。

最终，大多数诊断结果都很相似。话再说回来，这一问题与雇佣问题有关，也与合理价值观问题相关。这不仅仅是凝聚力的问题，它还与一种源于合理动机、合理态度和合理价值的内聚力相关。人们不会不同意这种说法，但我们必须看到，西方现代主义强烈的共同体风格几乎总是会调用排斥机制。如果没有法国这一"死敌"，19 世纪的德国人也就无法获得身份认同；而且如果没有对法国的战争，或许也不会有德国这一政治实体国家。法国大革命结束后,在拿破仑帝国主义的影响下,法国人也想成为法国人同样是为了增强他们的凝聚力。

这就是为什么我说:"人们看待事情时必须超越价值判断,我认为诉诸价值观和态度并不能解释或克服我们时代的危机。"现在,邻座已经被激怒了。有必要让人们认识到什么才是正确的:挣钱并不是人生中最重要的事情,政治权力的运用应该恰到好处,社会财富的分配应该更加公平,真正的平等机会及其他文化应该都是平等的。

"我再说一遍:最糟糕的是贪婪。他们贪得无厌。我就是直接受害者,所以我也是心烦意乱。"他是一位艺术品经销商,这次去慕尼黑参加一场大型拍卖会。艺术收藏品的主人因为资金流动性不足而被迫拍卖其藏品,将其转换为流动资本。"这是一场灾难,自从金融危机以来,无论是公司还是个人富豪,都不再出手去购买艺术品。他们大都选择出售,藏品价格因此下跌,我也因此破产。所有这些都是因为这种贪婪!"

画廊老板给"贪婪"开出的处方显然是"不要那么贪婪",对"迷失方向"开具的处方则是帮助其"找准方向"。我的这位对话者高度赞扬教育和节制。正如在绘画中的黄金分割，以及在音乐中平均律的调和一样，社会交往要合拍，道德上存在着措施的合理性问题——人们渴望内心平衡，不多也不少。这样可以提供方向。邻座笃信亚里士多德的《尼各马可伦理学》："怎么说我也学过几个学期的哲学。"

乍一听，这一观点让人无可辩驳。但我认为，既不应该依靠决策者处理问题的能力，也不应该指望社会提供类似的时间表和方向，在我看来，这些都是将危机大事化小的表现。我们的交流虽说争议不断但也令人愉快——我的对话者并未被说服，他最终将问题归结为人们内化且践行的价值观。对此我只能表示赞同。"价值观"的论调正好适用于此。然而，最终决定人们行为的并不是价值观。"那是什么？"这位画廊老板追问道。

我只好进一步详细解释。我认为现代性的危机正是它们成功的后果，过去是，现在也是。这听起来很荒谬——也让邻座震惊不已。毫无疑问，在最近的金融危机中，错误已经铸成。然而，这些错误的出发点却在于，人们在参与经济体系运行时遵循了这个制度的规则。经济体系之所以能够得以运行，是个体行为者自私自利行动的结果。他们的投资、购买和消费行为无不希望以最小的付出得到最大的利润或收益。这样就会造成经济波动，而竞争机制则又强化了相应的后果。

2009年牛奶价格下跌，我们对此再熟悉不过。大型乳业公司一直都在遵照这一体系进行运作，竞相供应比对手价格更为低廉的奶品。当然，面对这些优惠措施，消费者也是慷慨解囊，为乳制品行业发展贡献了一份自己的力量。对他们来说，只要质量有保障，便宜的乳制品仍是首选。但对乳制品行业来说，这则意味着它们只有将压力转嫁给原奶生产者才能在价格战中生存下来。直到这里，这都还算是一个完全正常的过程。然而，如果价格进一步压低，那些原奶生产者无法获取足够利润来维持牛奶生产，乳制品行业将会最终崩溃，进而就会危及向民众供应乳制品。

这种崩溃罕有发生，这并不是因为行动各方在特别坚持什么，也不是因为他们关心奶农的生存，抑或是关心人们的钙奶供应。这些都不是。出于经济原因考虑，市场机制通常可以确保人们最终会摆脱价格的螺旋下跌。问题仅仅在于，谁有经济实力去应对经济波动和在什么情况下打响价格战。这里需要行为者考虑长远，在短期内不考虑经济利益。但是由谁来打响第一枪呢？如果选择盲从，又要等待多久才会从市场的自我调节中受益呢？

"这正是人们需要衡量的，要有均衡感和责任感，人们要知道他们在做什么，并能够以某种方式再赚回来。'可敬的商人'这一名号早已有之，说的就是他们。他们瞄准的是整个市场，而不是眼前的直接经济利益。"邻座也指出，这种理念和态度可以作为一种停止规则，也就是一种限制机制，可以阻止（价格的）螺旋上涨或下跌。用亚里士多德的理念来说就是追求适度。在这一点上，他非常执着。

我对这一观点大加赞同。我只是指出这样可能会压垮市场。这就是为什么要考虑纳入第三方的原因，而这一第三方大多数时候都是国家，即政治行为体，它们制定规则，约束各种自由行动力量，而且可能跟应对银行危机一样，它们甚至会干预市场，甚至还会充当经济行为体。在刚才的例子中，就有人要求总理府召集"牛奶峰会"。在欧洲范围内，牛奶配额也起了一定作用。

说到"可敬的商人"，我又想起一个有意思的问题："我是对的：这当然是一种突出的特点，但它最终还是一个专业性自我描述里的人物。为什么需要这些令人同情的描述？这样一个召唤出来的人物越是值得同情，隐藏在其背后的问题就越大。想想一心为公众谋福利的政治家、无私提供援助的医生、潜心追求知识和真理的科学家或者是卓越的独立艺术家，所有这些人物都表明我们怀疑真正的行为者并不符合某些规范性理想。令人尊敬的考夫曼（Kaufmann）的谈话也只不过是一种令人同情的措辞，表明实施这些停止规则有些困难。单凭经济体系和董事会显然无法解决这些问题。在这方面，这样的过程似乎总是像某种危机一样。"

实际上，现代社会似乎缺失这些停止规则。经济学上的例证清楚地表明：经济能够运行是因为在具体情形中行为者不甘坐以待毙，他们违心地做出迎合市场需求或符合整个经济体系的决定。从当前具体决策的角度来看，个体所采取的经济举措是可以理解的。而在市场或整个经济体系中，后果则可能并非他们所希望看到的。

无论如何，美国房地产业及德国乳制品业危机并未说明现代经济体系缺乏方向。在那些传统行业和那些节奏缓慢的社会中，所有环节都清晰可见，你只需按部就班去执行就可以，也不会出现什么意外，只有在这种情况下才需要指示方向。在我们这种快节奏社会中，指示方向并没有多大作用——当然，那些抽象的大道理和原则除外，但实则就连它们也只是有条件地适用于具体情况。

社会具体情形错综复杂，从各自的角度来看这个世界各有差异，我认为现代社会的危机就与这一事实相关。这也是为什么针对这种内在危机市场会表现出如此多的反应：这样的市场永远都不会停滞不前，它不甘等待，自我修正方向，变化迅速，而且你永远都不会觉得事情会一劳永逸地解决。正是这种因素有可能导致现代生活方式中众所周知的危机的发生。我们至少正在将动荡不安且令人困惑的现在与过去社会的一厢情愿的形象或者简单文化的浪漫变体进行比较，在这种文化中据说一切都占有一席之地并得以保存下来。

没有例子表明或能够表明，到了某一时机，事情自然就会结束。至少在市场上不是如此。而这也恰恰说明国家或法律条约为什么会干预各种力量的自由作用，其目的就在于确保市场参与者继续以市场参与者的身份规范行事，并寻找缝隙市场去谋求发展（不管你喜不喜欢）。

因此，马克思主义对"资本主义内部矛盾"的诊断尤为准确：只有批评者才会在不考虑主体或经济状况的情况下制定出一项法案。特别是有些实施国家社会主义的国家尝试永久停止市场参与者引发的经济危机，结果反而给市场造成了毁灭性的后果。听起来有悖直觉，但采取危机防范措施去应对那些迅速的、规律性波动的、没有预兆且不可估量的经济风险，只会加剧市场的危机。没错！不存在这样的停止规则；没错！最终也不会有类似的停止规则，就连类似的控制机构也不应存在，因为它只会不断尝试施加其影响。

尽管共识就摆在面前,但邻座却并不满意。他从价值观角度出发指责我将个体的错误和罪恶相对化,为自私的行为者开脱,或者否认各种行为的责任。但是,我的结论并没有回避任何人,相反这还有助于更现实地去评估责任原则。整体看来现代社会似乎就是一个危机,它上满发条,按自己的逻辑迅速演进,这一事实恰好说明对各种过程进行干预有多么困难,在这些过程中,人们可以且必须独自负责任地做出决定,但最终却几乎都无法控制。这就是市场对个体参与者的影响:他们可以自主做出决定,但同时也会成为无法逃避的逻辑囚徒。

邻座是对的。当然不是要退缩。对市场来说情况可能是这样,但对社会来说可能就不只是摆弄金钱。在其他领域,人们不可能这么轻易就能解脱,我已经说得很清楚了,我对此有不同看法:"在政治等其他领域有这样的事情。政治家所做的一切都会被审视一番,看看他是否能做到这一点,只是为了提高自己的地位。即使有人回到正轨,或者出于实际原因改变了主意,或者让其他人去做了,也还要去察看在这背后是否存在权力抗衡。"

政治行为者总是会为权力患得患失。所以政治的真正驱动力既不是真理,也不是正义,而是行为者自己无法决定的权力抗衡。他们在从事政治活动时都会考虑到这一点。邻座表示强烈抗议,他指出,有很多政治家有时会设法顶住各种压力,做出正确的事情。勃兰特的东方政策总是令人回味无穷。尽管如此,这还是拘泥于权力的患得患失。这一点无法逃避。政治跟经济很相似,其特点是一场根本性危机,因为它永远不会停滞,而且今天的解决方案将会变成明天的问题。

在现代生活方式中,人们可以改变事物,创造力成为一种需求,人们总是能够在经济和政治上找到新的创造性解决方案——这种生活感受让人们陷入了新的纠缠。那些经济、政治和科学领域的行为者、医生或教师,不仅需要使他们正在处理的事情切实可行,而且它们也是实际产生的。这一点无法逃避。与此同时,这也使得西方现代主义的普罗米修斯们动辄就受到危机的影响。这种情形永无终日。公司总是处于紧急状态。机器一直都在运转。你只能做你能做的事情。就连最近这场金融危机也不会因为告知人们该怎么做就能阻止,而这则颇有嘲讽意味的是因为每样事情他们都做对了。其实做好这些事情并未起到什么帮助作用。

我们谈得非常投入。一方面,我和邻座都对那种符合道德伦理标准的停止规则的主张感到茫然无措;另一方面,我

第八章 危机:为什么社会总是处于紧急状态

们也指出,这可能只是一个次枝节问题,它低估了现代社会潜在的危机。谈到这里,空姐开始发放餐食,我们可以选择小吃和饮料。

我俩都要了一杯红葡萄酒。画廊老板说他将在布鲁塞尔和柏林开设画廊,与一群年轻艺术家合作,就眼下这幅光景来看还真是不容易,因为收藏家还面临着其他问题。他还说年轻艺术家越来越难确立自己的地位,因为在这期间一切都可能会发生,早已不指望能有什么惊喜。"只有突破边界、违反规则、质疑常规,艺术才会繁荣发展。但是现在再也没有限制、规则和常规了。这就太难了。违反规则已成为彻头彻尾的无用之物。"

我问他,那些年轻艺术家如何应对这一问题。"全当是体验了一次幻灭好了,因为你根本束手无策。但不管怎样,你还得硬着头皮继续下去。"邻座描述了一种审美危机,而这最终还是审美成功的结果。在兑现完整的创作自由和表达的承诺后,艺术家再也不能去做他们一直在做的事情:观察各种习惯并将其进一步扩展。这与通货膨胀这种经济情形非常相似——都是通过传播引发的贬值。

各种例子都表明,社会不同领域的成功已被我们当成危机来进行体验。现代经济如此富有成效和创造性的发展,这是一种成功。但它也有副作用，那就是它为自己划定了界限并改变了其成功的条件。现代政治体系已经根据自己的标准发展出了一套复杂的权力保存和权力获取系统，这一系统的优势建立在一个潜在的和平的基础上，这是一种成功。次生后果则是这种政治传播将自己置于幻想中，认为自己能实际控制社会。能够在家庭角色及安排中进行重新协商，这是一种成功。但也可以看出，家庭再也不能提供人们所期待的真正的稳定性。对大众传媒所报道的内容和方式几乎不再加以更多限制，这是一种成功。但这不可避免也会产生副作用：它们会被滥用。在艺术中，一切都成为可能，这是一种成功。副作用就是审美挑战变得更加困难。二百年来，不同领域的解放动力成为我们基本的现代性体验。这就是现代主义作为一项包含各种事件的伟大工程出现的原因。

此外，全球化也要求我们摆脱习以为常的国家经验和解释空间：经济、政治、宗教及文化各领域。毋庸置疑，这也是一种成功，但它同时也造成了不适，因为常规范畴无法继续适用。市场越来越大，政治影响空间越来越小，宗教体验远没有以前那么排外，文化则呈现出明显的漩涡式发展。

现代社会取得了各方面的成功，但其本身就是危机。我们在短期内遭遇最极端的危机症状，我们自己深感震惊，但

第八章　危机：为什么社会总是处于紧急状态

我们并未放任不理，或许这才是问题的关键所在。即使在纳粹统治时代，情况也不过如此，当时的日常生活还算比较正常，至少对那些没有受到迫害和暗杀威胁的人来说是这样。但即便这样也没有让邻国摆脱困境，保持和平，这在道义上原本应该是可以做到的。原因何在？首先，人人都在忙于第二天的事情。我们的日常生活不断要求我们下定决心，做出各种细小决定，从而牵扯了我们所有的注意力。在这个社会里，我们不能闭门造车，必须实际做好各种事情。其次，我们的大部分日常活动早已有章可循，仿佛是在自我运行，我们自然融入其间，因而也就具有强大的危机抵抗力。

　　飞机已在慕尼黑降落，我们在这次短暂旅途中愉快的谈话到此也就结束了。惯常的一幕幕场景又呈现在眼前。飞机停稳后，大部分人都打开了手机，然后寻找各自的物品，或者是为了行李而争吵。这种急躁情绪完全不出所料，人们也都习以为常，仿佛没有这种冲动之举飞机舱门就不会打开。所有这些都像是一段程序、一台机器或一台实用设备作用的结果。然后我们走过长长的机场过道，邻座要去行李转盘那里，而我则要直接到出口，我们热情地握手告别。这一幕折射出一份友情，至少也是一份松散的协议，因为只有在陌生人之间才有可能轻松出现。通过机场安检区后，我才意识到还不知道那位令人同情的画廊老板叫什么名字，或许我们今生都再也不会见面了。

我还得坐半小时轻轨才能到家。在这里，情况一切如常；也就是说，这个社会显然不是铁板一块，而是由许多细小的模块组成。在这个社会中生存，意味着需要采取多种方式与这个社会进行接触。这种接触有时非常具有选择性，而且秩序的产生多少都是因为我们发现自己无法逃避目前的处境。我跟那位画廊老板讨论过这一点：无论你在经济上还是政治上采取行动，无论你待在家里还是从事艺术工作，你总是可以在自己所处的位置上做点事情。生活必须以某种方式加以管理，也就是说，你要不断选择新的接触。

我看到的所有人都有属于他们自己的故事，虽然无从得知，但却多少也可以尝试破译它们。我看见忙碌了一天满脸疲惫的商人、可能是要去玛丽亚广场闲逛的少年，以及一对穿着体面可能是前往国家歌剧院的老年夫妇。服装和习惯可以体现出不同层次。我看到年轻的父母带着孩子，还有一些背包客，其中有三名澳大利亚青年，他们比其他人显得格外吵闹。其实他们到底是不是来自澳大利亚我也说不准，但他们说英语，他们的背包上有各式贴纸。

严格说来，轻轨很好地象征着我们在这个社会中移动的方式。我们与来往八方的陌生人发生各种关联,与他们一起做这个或那个,其中跟有的人密切一些,跟有的人则会疏远一些。跟画廊老板这样的谈话再平常不过,但却非常必要。人们共处一个世界,但却拥有多种多样的视角和经验空间。

这是一个激荡的社会。它并不是一个容器,没有什么东西真正容纳其间,而只是一些实际经历进而造就的东西。这使得以危机为基础的经验几乎没有清晰成形就已再次消失。然而,日常生活则遵循各种惯例及规律,就像在这趟轻轨上一样。人人都在遵守不成文的规范,不论他们是否注意对方是谁、对方在做什么,而这又是否合理。但是,整个秩序又非常脆弱。这个社会因为互动而运转,因此其秩序总是会出现失调的情形。

但是,真正的危机——金融危机和气候灾难——怎么样了?令人恐惧的伊朗处决场景怎么样了?卡车前饥肠辘辘的小男孩怎么样了?不再愤世嫉俗地呼吁让这个社会简简单单,保持其原本模样,可以吗?可以,因为这个社会原本就是这样。

同时谈论现代性和危机在所难免。正是通过这一了不起的西方现代生活方式,我们才有机会去建设性地理解这场危机。仅仅因为政治是一场永久性危机,政府更替才可以不通过流血事件来实现。仅仅因为市场不能被关闭且市场参与者甘冒风险，市场才可以成为解决问题的有效手段。仅仅因为今天的宗教经验导致怀疑危机，个人的上帝信仰才可以建立起来。仅仅因为家庭总有破裂的风险，爱才可以成为共同生活的基础。那些想要摒弃现代性危机的人必须摒弃传统的狭隘性，或者摒弃诸如前东方集团这样的国家组织型社会那种假定的安全，因为这会引发完全不同的危机。

世界历史上西方世界特别是欧洲的力量，正是在于其经济、政治、宗教、科技、教育和文化审美逻辑已经找到共存形式。之所以宣称欧洲人令人同情，正是考虑到烦琐的欧洲机构，各种惯例的历史，国家、教会、协会的组织安排，以及最后也是很重要的一点，地区传统和习俗，在长期的实践中，各种不同且相互关联的社会逻辑得以建立起来。只要想想《威斯特伐利亚和约》签署后所达成的宗教及政治和解这一用"三十年战争"的昂贵代价换来的结果、专制与英国议会制民主的和解、19世纪个人主义与民族国家的共同利益的和解，以及这些国家进行结构性转型发展为法治和福利国家，所有这些因素筑起壁垒以防范各种力量相互激荡自由作用进而造成根本危机，其中，社会不平等、生活机会的分配，以及公认的社会正义形式也必须加以平衡。

所有这一切都表明，一切都取决于这些不同的社会逻辑、不同的说话者位置、生活中不同的利益和情形是如何相互关联的，而无须屈从于人们可以集中控制事物的幻想。有一点不应忘记，欧洲的秩序源自痛苦的危机经历。现代性危机不仅是一个国家的事务，它在各种军事对抗中，在对早期工业无产阶级的剥削中，以及在对内部敌人的种族歧视中也会呈现出来（只要想想欧洲范围内的反犹主义现象就足够了）。在组织安排中，借助各种机构的帮助，不同的行动者彼此越来越相互依赖（包括市场、集体谈判伙伴、不同的国家和政府，甚至是法律制度），由此国家和社会问题得以化解。

这样一来，自然也就很难拥有宏大的政治视野。或许，这种组织安排的审美考虑也并不适合程序性要求，就是因为这会使得经济、政治和法律实践独立于程序性要求，迫使其在日常生活中走向实用主义。

如果这种实际上没有长远眼光的实用主义取得成功，灾难或许就可避免。例如，如果欧盟不只是管控香蕉曲率，而且还能成为相关事件的主角对经济、政治和文化问题的实际处理手段进行争论的一种制度，那它才能算是在干正事。这里发生的事情只不过是试图创建一些论坛和场所，使得有关社会的不同逻辑和观点得以接触，以便精心考虑制订临时解决方案，如果它们经过验证确认无效，那么第二天就必须再对它们加以修改。这些主角解决了有时在我们看来细小多余且太过官僚的问题，而他们国家的前几代人则曾在战争中遭受屠杀，想起他们，我希望不会引起太多的痛苦回忆。重要的是，我自己不经意的描述能激发出值得同情的评判，从而能够表达不那么悲伤的情感。

我们面临的挑战是，要明确这种互惠互助是否也能以依附、机构及其他安排形式在全球推广。但即使那样也不会改变现代生活方式必须被感知为危机这一事实，只因为它不是静止不动的，也无法保持静止不动。甚至就连紧急状态都不足挂齿，因为它从来都没有停止出现过。

第九章　倍增：为什么世界要归结于我们的描述

早上起来，通常我都会先翻翻报纸，看一两篇文章；早餐时间听听广播，获取一些最新消息，然后乘坐轻轨去研究所。车上总是有一些人在看报，更多的人在小型电子设备上阅读各种描述社会的文章，有时我也会听人们在描述社会。如果自己开车，我会收听广播。如果是打车去车站或机场，我可能会跟出租车司机聊上一阵，听他们描述社会。

到达研究所后，我会与同事进行交流，看看我们应该做些什么。我会读书看文章，了解社会万象。我会召集同事，跟他们交谈，我会描述各种过程、事实和意图。我会举行讲座，描述某些事情——总之，都是社会上发生的各种事情。我会跟同事一起共进午餐，当然主要不是为了吃东西，而是相互交流什么地方发生的什么事情。

描述，描述，还是描述。你无从逃避——如果想要逃避，你必须描述逃避的企图。而且这还不够，因为各种描述彼此不会互补（即各种描述共同构成整个世界的形象），相反，各种描述彼此相互排斥。

全球气候正在变暖——快速且激进。气候不像天气，我们没办法影响天气。气候变暖是人为所致并会进一步造成可怕的灾难性后果，这并不仅仅是对沿海地区而言，事实上对任何地区来说都是如此。洪水会引发移民浪潮，全球升温会导致全球气温进一步上升。不过由于它是一种人为现象，它也可以通过人类的行动实现逆转。但在我们陷入灾难的深渊之前，留给我们行动的窗口时间已经不多了。

全球气候正在变暖——缓慢且温和。过去 150 年间，空气中二氧化碳的含量上升了 0.01%，考虑到地球历史变化的背景，当前的气候变化还不足以让我们极度担忧。毫无疑问，气候变化是人为活动的结果，需要人们采取应对措施。但预测中的气候灾难只是一种假象，因为我们是在拿目前的气候数据与 19 世纪中期"小冰河期"结束之际的数据相比较。而那段时期则恰好与欧洲工业化开始时期相一致——我们很喜欢寻求不同现象之间的因果关系进而构建世界的形象。此外，近年来其他预测的灾难也并未发生，疯牛病、非典型性肺炎和甲型 H1N1 流感等也都没有造成大面积死亡。

我不想讨论气候变化的后果，也不想讨论气候灾难是否会发生的问题。你可以在媒体上读到或听到对这两个问题的相应描述。关于第一个问题，目前不存在争议；关于第二个问题，其合理性尚需更进一步思考。但对同一现象显然会有不同的描述——至于这一现象本身则仍然不甚明朗。海平面是在上升，但比预期速度要缓慢，从对第一个问题描述的观点来看，我们务必要加快行动步伐，因为在有限的窗口时间内可能会出现更多可怕情形。从第二个角度来看，灾难场景完全被夸大了。如果进一步进行激烈辩论，我们就会发现这并不是一场气候保卫战，而是要努力寻求合适的描述，因为这里描述的现象在描述之外并不存在。

就像我们面临的各种危机一样，气候危机首先出现在描述中。这些描述都是对社会的自我描述。这个社会对其自身的了解并不比人们对其他事情的了解多多少。在观察一件物品时，不管它们是天然的还是人造的，我们都会查看其外表。我们既可以对它进行一番描述，也可以去审视我们自己对它的描述。有人说它是绿色的，但仔细观察就会发现它其实是蓝色的，而且这一点也不像刚开始看上去那么不易察觉。所有这些发现都可以从外部进行检验——而且一般说来，我们的描述不会对描述的事物产生任何影响。

如果描述对象具有自我描述能力，这种情形就会立刻改变。我们描述别人,而当他们感知到相应的描述时,他们就会随着描述而改变。举一个稍显偏激的例子:在一场有一个黑人参加的讨论中,这位黑人对某一问题的讨论不够恰当,如果有人说这是因为黑人更加愚笨所致,他/她就会立即改变演讲立场。这样的描述会改变他/她在讨论中原本想要发表的观点,无论其本意是否如此。描述对象肯定会改变其自身行为,而且其自身描述也会改变。与单纯的物体不同,能够自我描述的主体不会在感受到外界描述或者是其自我描述后还能做到无动于衷。

那么说到气候变化及其引发的灾难又会怎样?它是否会因你的描述而改变?不,它最终也不会改变,因为这些情况可能只在描述中存在。请注意,实际上,温度或二氧化碳参数的增长是安全的;但这是否被视为变化、灾难、命运、政治挑战等,都视人为描述因素而定。此外,在描述中也不是没有温度和二氧化碳参数,这些参数只是描述现象的形式,而且它们也只会在描述中以这种形式出现。非语言性语言也可以只用语言来表达。在这方面,世界通过对它的描述而不断发生变化。

所以在对任何形式社会现象的描述中能够改变的因素首先是社会本身。类似围绕气候变化的描述并不是在从外部对事物进行描述。围绕气候的讨论也不是对外部情况的描述（即使听起来像是这样），而是在社会背景中对社会的一种自我描述。因此，描述取决于实际从事的任务，就像描述本身能够确定它们所描述的内容。在最好的情况下，你需要确保只有你在进行描述。这样，随意选择一种方式描述气候变化，主体自身也会随之发生变化——而这则会反过来对社会产生重大影响。

自我描述的特殊之处在于，描述内容随你而变。我们可以从传记自我描述中认识到这一点。我们通过尝试什么样的描述对自己和他人来说是最好的而不断改变我们的体验。我的意思并不是背信弃义去欺骗自己和他人。相反，我们别无选择，只能把自己设定在自己的描述中。我们也必须相信自己的描述，而且这些描述也是有选择性的，也可以有不同的说法。

生活环境发生变化时，每个人都会经历这种情况。任何人在紧要关头，如失去工作或伴侣，坠入爱河或撞了大运，都会以与之前截然不同的方式描述自己，而不会欺骗自己。当然，你也可以坚持原来的自己。不幸的是，当这种情况发生时，或者当你真实地描述自己时，你并没有明确的标准可以遵循。因为所有这些都无法直接获取而只能通过描述来实现，即使这些描述只是关于感觉、印象、线索、习惯，而我们对此则可能没有清楚地意识到。我们既是客体同时又是主体，这两者不可分割。

适用于个体描述的同样适用于社会自我描述。社会总是在进行自我描述，而且这些描述将会对社会产生重大影响。最终，我们会通过这些描述与社会进行接触。如果最合理的描述能够反复再现，那是最好不过了。

在针对气候变化问题的两种描述中，第一种描述看似要更为合理，因为它会引发更多的关心和关注，而且这种描述可以转化为政治行动方案，更重要的是这一描述会让描述中的情形得以实现。政治方案、制度安排、会议、专家、多边协定和机构等所有这些现实，不仅是成功描述的结果，而且还会确保这种描述能够不断重复并反复再现。

我认为它们这样做并不是为了维持自身生存，那样就会意味着太多的理性思考和规划。这其实是一个如何让这些描述变得更加合理的问题。这些描述主要是通过自身的"生态条件"即自身存在的环境而变得合理。如果人们关注这些描述，这些描述能够得到确认、重复和回报，它们就会变得更加合理。因此，描述的合理性并非取决于所描述的事物，而是取决于社会对待这一描述的态度。在社会学中我们采用

"联通性"来作为合理性的一个条件。

丹麦经济学家、统计学家和环境研究员比约恩·隆伯格（Bjørn Lomborg）认为，目前减少二氧化碳排放的政策计划在技术上并不完善，而在另一方面，信息技术成本比气候变化本身造成的后果还要高。我认为这个论点非常中肯。然而，也有观点认为，这种论点干扰了公众辩论。如果行为者能在短期项目中打造立竿见影的效果，那么这些人的描述似乎就要更有道理。我不是指气候有明显变化，或污染物测量数量明显减少，而是指那些具有决定性意义的文件、协议、计划、解释和令人同情的演讲。这些描述可以被更好地联系起来，因为社会中不乏专司类似描述的行为者。

我并不是在谈论气候变化或可能发生的灾难，而是认为：这个社会在不断地进行自我描述，它只能通过描述世界来应对自身的问题和任务。因此，社会斗争的首要任务可能就是争取获得相互关联且强有力的恰当描述。现代社会的构成要素中最重要的是描述的倍增。观点会有所差异，有时则会截然不同，需要进行不同的描述。这样的经历在我的社会学故事中也很普遍：社会是不同的，或者是从不同角度或在不同背景下去看，情况可能会有所不同。因此，我对社会或社会事件所做的描述也会有所不同。

对于医院中病人的自杀愿望会有不同的描述；艺术品透过它们的视角来描述世界，而这则并不是人们眼中的世界；精英必须应对不同的观点和描述，尤其是要做到借鉴吸收；我们当前的行为在很大程度上都会受限于我们的观点，有时我们对此甚至会感到惊讶；我将现代性危机的内在经验归结为这样一点：对社会的不同观点主要都是集中于社会自身——在所有这些描述中，只有**不同的描述**而别无其他。

现代世界如果说较之早期世界有所不同，那就体现在现代世界充满了对各种可能事实的描述，这些描述各不相同，相互竞争，相互补充，相互独立，相互关联，相互矛盾，甚至互不相容。我们的社会中最常见的活动就是描述，这样说一点也不为过。因此，通过我们的描述这个世界也在不断倍增。这样说有三层意思：第一，在描述过程中，我们有所添加；第二，在描述过程中，我们采取的方式有所不同，由此也就产生了完全不同的版本；第三，在这个世界上，我们不可能在没有描述的情况下去检验某一版本的描述是否充分妥当。

对某种事物的描述并不等同于事物本身。对某种敏感度的描述并不等同于这一敏感度本身。同理，对某一市场的描述也不等同于这一市场本身。尽管如此，我们还是在不断丰

第九章 倍增：为什么世界要归结于我们的描述

富这个世界，因为我们只有通过我们的描述和体验才能进行交流。

其次，正如我所说，我们正在从不同角度将世界加倍扩展。就某一情形而言，从经济角度来看，与从政治、科学、宗教、艺术或新闻等角度来看，其观点会大相径庭。具体情境变化了，描述也会发生变化——我现在不在出租车上，但我却完全可以拿乘坐出租车的一次经历来加以说明。乍看起来，乘坐出租车再寻常不过，并没有什么难以描述的。在写作本书最后一章前夕，我和几个朋友到一家餐馆吃了些美味，喝了些上好的葡萄酒；因为要喝酒，所以我就没有开车，回家时我叫了一辆出租车。我也可以坐地铁，但那样到家会太晚。我感觉自己已经花了不少笔墨去描述乘坐出租车的经历了——那位出租车司机随口告诉我他差点儿没通过驾照考试，那还是我出生那年的事儿。这样算来，那位司机已不算年轻，而这一故事也有些年头了，可能已经讲述了近半个世纪光景，权作夜间开车时的一点聊资。

你也可以选择不同的方式来描述这次乘坐出租车的经历，具体就看你选择哪种角度。比如，从经济角度来看，这次出租车之旅可以加入市场元素：在客运市场，出租车要跟有轨电车、公共汽车、地铁或私家车等出行方式进行竞争，所以必须提供足够有利的条件保障出租车参与客运市场竞争；在劳动力市场，也要能保证出租车经营者或司机有利可图，这样他们才会愿意提供那些不可预知的服务。显然，他们并不知道那天晚上我需要乘坐出租车。

从政治角度来看，出租车可被描述为一种替代运输方式，这样在交通量不大的区域或者在像昨晚这样的时段，就可以不用部署公共汽车或有轨电车，而且出租车所缴纳的费用还可被用来改善市政运输状况。从法律角度来看，出租车可被描述为一份司机与乘客共同达成的不成文合同，双方必须以各自的方式履行这份合同：司机不能去其他地方，而我则必须支付车费。在电影艺术中，出租车一次又一次地被描述为陌生人相遇的象征，因为素昧平生，所以他们可以尽情地自由畅谈。从宗教的角度来看，出租车可被描述为一种过渡的象征，但最终则会是一种延伸——或类似的东西。

这趟出租车之旅的最初版本，也就是还没有倍增前的版本，到底去哪儿了？现在都是调整后的内容——它们都是通过媒体自我倍增来实现的。这就是关于世界倍增的第三层意思：如果说我们只能通过描述的方式去接触世界，比如说我昨晚那趟出租车之旅，那么这个世界也就只是借由不同情境下不同的描述构成的。这趟出租车之旅的真正意义是什么？

其实它就是一趟普通的出租车之旅,但与此同时它又有更多含义。因为如果不选择以某种方式去描述这次经历,我们就无从对其进行了解。

从我坐上出租车的那一刻起,这一幕就已开始。我和司机同处一辆车内,谈论关于驾校的老掉牙的故事;顺便说一句,我自己在第一次驾照考试中也是竭尽全力却未能过关。虽然如此,但我们的处境却是有所不同。描述使世界倍增,但这本就是一个增量的世界,我们无法退出这场倍增游戏。

本书已近尾声,还需要这么抽象吗?是的,必须这样!因为恰恰正是这种抽象让我们具体认识到,我们无法突破自己的观点及其引发的实际后果。人们最终还是会囿于相应的倍增世界中。即使你想摆脱婚姻纠纷或其他纠纷,你还是无法摆脱。当指控、侮辱和起诉接踵而至,就连提议回归常态也会被视为纠纷。如果你在商务会议上就合同和价格与对方进行谈判,有一种策略就是提议搁置战术及战略性争议。

倍增无法避免,而这种倍增又没有原版基础,这颇为矛盾。通常情况下,如果需要倍增,你需要一个原始版本,你可以在此基础上添加其他版本。但在这里情况则正好相反:首先,描述已然成形——你可以据此断定被描述对象的情况,因此这只是一种推断得出的原始版本。在调解不同位置的观点或确定自己位置的观点时,你必须牢记这一点。

现代世界中人言嘈杂。各种观点和各位发言人各归其位,昼夜不停地自我讲述、写作、描述——工人在装配线上忙碌,工匠忙于手中的活计,运动员在赛场上拼搏,这些具体活动本身既没有言语描述,也没有倍增,但实际描述内容却如瘟疫般在倍增。事实上,我完全可以不通过描述或交流来欣赏艺术品,但这两种方式却都可以为我提供侧面辅助。这个社会几乎别无所为。

然而,描述绝对不是次要的。并不是说描述之外又发生了什么实际情况,随后又接着添加描述性的内容。在早期的社会形态中可能存在这种情况,因为个体行为差异不大,也缺乏替代行动方案,所以最终没有必要寻求世界倍增。这个世界独立存在,一切自然而然。

而在今天,为了能够保持宁静,人们必须组织起来寻求宁静——人们会花钱去修道院待上一段时间,随同修道院的教友一起遁入宁静;或者到成人教育中心选修冥想课程;或者在城市集会,默默祈祷和平。但是,为了能够保持宁静,人们必须进行沟通:你必须准备好,报名登记,跟未曾交流的人进行交流,营造一个好的环境。通常你需要跟那些与你一样想要保持宁静的人进行谈话。

第九章 倍增：为什么世界要归结于我们的描述

事实上，交流绝对不是次要的，它是实际活动的附着内容。可以说，我们是在通过交流来做事情。我们爱自己的伴侣，这不仅表现在行动上，还表现在言语上。我们通过发表相应的讲话在各种职业关系中建立信心。我们了解现代日常生活中的冲突和观点主要也是通过交流来实现的。我们同样是在交流过程中去认识我们身边的人。

可能是因为我们的内心世界、经验、意识和对世界的看法互不可见，所以我们才需要交流。如果一切都清晰可见，我们可能也就不再需要交流。如果我们知道了对方的想法，当然就会不想再交流。然而，人的社会性总是会有所差异，其中就有角度差异：从基本层面来说，最初他人对我们而言都是陌生的存在。早期社会形态通过限制行为选择方案来弥补这一点，因为几乎没有必要认为有理由去和他人沟通。

现代世界观点交织，说话者立场不同，角度也存在显著差异，而颇为矛盾的是，正是这种角度差异却把这个社会凝聚在一起并决定了社会的这种特性。社会的这种凝聚力不是来自各种生活条件、观点甚至描述的结合统一，恰恰相反，而是来自各种差异。现代社会既没有中心，也不存在中心角度——而是可以尽情想象，各种角度应有尽有。正是这种未经调和的原始观点，将各种角度调和在一起。

前边谈到，我们不应该就观点差异争执不休。它们应该被更有效地用作博弈手段。当然，这会引发现代性危机，而这一危机则从未中断，而且还会进一步相互交织，因为各种观点都在努力争取独立存在——然而它们又相互关联。因此并不存在明确的描述，因此我们必须继续沟通，所以我们的世界也就在不断倍增。但是，我们对这个世界描述越多它也就变得越模糊——而越模糊也就越需要描述。

众多立场随之出现，大众媒体承担了主要角色，俨然就是一个"言语动物园"（大众论坛）。这样一来，我想说，在沟通过程中，各种情形都会发生，而各位发言人则不会就某一种情形达成共识。但这并不是说各种观点就会相互钳制直到最佳观点胜出为止。其实，这是一种演讲表演，大众媒体乐此不疲。把讲台搬到舞台，这种现象非常普遍，以至于我们通常用来限制沟通能力的推理机制也都遭到压制。看看主流电视媒体和互联网，可谓一目了然。在这里，我们必须首先明确话语的意义就在于话语本身，这一点适用于访谈节目及肥皂剧等娱乐形式——在语言及事实层面皆是如此，它们传播极快，内容浮浅。当然，你还可以将其看成是这样一种事实的表现：在这些节目中，说话人郑重其事，看起来好像在参与讨论，好像在坚持认为他们所说的话会产生影响。

这确实会产生影响——但却不是那种优秀媒体传播理念所产生的影响：保证人们充分获取信息，向社会传播常识。信息必须出奇否则就不成为信息。大多数电视节目都是平淡无奇，内容都是观众熟悉的日常生活。日常肥皂剧、专题片、游戏节目、脱口秀等节目拥有大批忠实观众，但是它们内容老套，毫无新意。同时，这里又有一种相互关系：一方面，这些节目（不论是虚构作品还是讨论和对话）呈现出人们熟知的内容；另一方面，这些节目又自成风格，对现实产生了真正的影响。这些形式——电视形式和生活形式——以某种方式互相倍增，从而形成双重倍增。

　　说得更直白一些，纯娱乐节目就是这样，而有些知识分子甚至还在呼吁将其打造成电视远程大学。所有的辩论活动也是这样。小组研讨会或竞选演说要这样进行，观点要这样打包，在辩论中要选择这样亮相——在各种媒体形式中，类似媒体因素比比皆是。试想一下公司活动或科学会议中的舞台、灯光、音响、主持等作秀成分。媒体不是在展现社会，而是在塑造社会——这些形式在媒体和社会两个方面均得以不断再现。

　　最终，这变成了对出场的领导和演讲者等所做描述的展示。基于这一原因，最真实的演讲、自我展示、从自我角度对世界进行描述等成为一种重要媒体形式。因为我们一直以来都是通过各自的自我描述来看待世界。尤其是因为我们主要关注镜头前的说话者，而且他们必须有异于常人之处，否则这些媒体的吸金能力就会下降，其价值也会大打折扣，因此必须保证信息新奇。就连新闻播报员也是在讲故事，从而变成发言人，以至于他们自身也成为信息。就此而言，话语本身就成为话语的意义——话语的意义就体现在发言人本身。而所讲述的故事则几乎退到了话语的背后。

因而，这种操作往往会选择人物平凡普通而不特殊的一面加以风格化包装，从而吸引观众的眼球。因为在现实生活中名人或多或少都会有些与众不同，所以把他们普通人的一面展现在舞台上就能吸引人们关注的目光。这些故事每天都在社会中上演，而且往往都是这些样板人物在那里自我描述，俨然一种实话实说的阵势。具有讽刺意味的是：他们在大庭广众面前颇为理性地高调讲述自己与癌症斗争的经历，对于类似问题的处理，有时可能会比任何争论都要更加有效。但是，这种表现方式越真实，它就越少涉及论证性话语所针对的内容：最好的实际理由、好辩斗士的不同意见，以及最终看起来最为恰当的描述。

我们曾想寻求记录社会，这一目标一度只能是一种乌托邦，因为它没有给描述留出空间。众所周知，对主体的描述远没有主体本身那么复杂。描述一再简化，因为也没有别的方式而只能重复那些细枝末节。这样一来，在呈现事实时就会出问题，因为事实本身难以描述；因此，描述过程与其说是基于真实性，倒不如说是基于权威性来进行：专家、权贵、族长或者最强壮的那些人所拥有的权威。人们认为，他们能够保证描述的可靠性——然而，寻求记录世界仍然是一种乌托邦。

同时，寻求记录世界也是一种远见。如果说乌托邦式的论断没有给描述留出空间，那么这种远见式观点则给描述留出了足够的空间和机会。有一个明显的例子，我们在市场上买到的并不只是商品本身，而是还有对这些商品的描述。品牌、标识、标签、广告等描述了商品的附加信息。我们买的汽车也不仅仅是商品，而是还有它的品牌历史或文化承诺。电脑也不只是一台技术设备，而更多是在传递某种生活方式或职业类型。

所有这一切都通过所附加的描述体现出来——具有讽刺意味的是，汽车工业在这方面表现得尤为显著。汽车公司采用集成化方式，生产几乎完全相同的驾驶装备，但是通过一些细微设计变更，尤其是一些侧面描述，又增添了些许元素，各种型号的汽车即由此诞生。或许对汽车的描述比技术设备本身还要显得真实。

我们不断地对社会进行加倍增量描述。在现代情境下，这种方式非常普遍。因此，不可能搬出一种中心描述或权威描述来阻挡世界前进的步伐。任何事物一经描述也就无法定格，因为随即就会出现新的描述。对此表示异议或另讲一个故事会有很大风险——这就是这个社会永不停歇的原因。

描述也是这样：它们不仅会向外扩散，还会在个体自身内部加倍扩散。这个世界通过自我描述，高低贵贱尽显无遗，从而真正成其为一个世界。它并没有在描述中被描绘出来，而是在描述中得以创立并表现出来。我之前说过，对社会的描述取决于是谁或为谁，出于什么原因，选择从哪个角度进行描述。各种描述相互对峙大有裨益，这是唯一的原因；而也正是由于这一原因，一种描述会在与另一种描述相对峙的过程中变得更加强大。

考虑到所描述的对象在某种程度上各有趣味，各具所能，而且也相互关联，乍看起来相应描述不见得合理可信。通过讲述合理的故事使得各自保持连贯一致，这种方式可以使描述具有合理性。各种描述相互竞争也让描述的风险清晰可见。如果你是外行，在收音机里听到专家评估你是否应该

第九章 倍增：为什么世界要归结于我们的描述

接种流感疫苗或其他疫苗，以及高危人群是否应该承受接种疫苗的风险等，你总会感觉这些专家句句在理。然而，换一家电台或报纸，你可能又会听到完全相反的描述和评估，而它们听起来也很合理。

这种经验表明，描述的合理性主要取决于描述本身。这一描述必须经过精心安排、精心构造并强制遵循统一模式。因此，事实的合理性就取决于描述的合理性。所以这个世界似乎是一个修辞的现实，一个提供了各种可能的说话方式的现实。这是我们这个世界上所有胡言乱语的真实写照，在这个世界上，许多似是而非的描述背后有一个真理这一乌托邦已经彻底消失了。

这一点也适用于书面文本。文本必须以合理的方式安排呈现，这样阅读文本时一方面会有连贯流畅的感觉，另一方面又遭频繁打断，让读者感到惊讶，从而引起他们（再次）注意文本。所有这些都必须呈现出来。描述容易受到某种特殊的胁迫，即要以一种看似合理的方式去呈现事物——也许要比它们看上去更合理。

描述世界这一行为本身造就了这个世界。对世界的描述主要不是取决于世界，而是取决于这些描述本身，以及这些描述联系其他描述的能力。我们不断地讲故事，进行描述，阐述问题，提出指控，编写书籍，发表演讲，传播信息，尽全力发表声明，寻找正当理由，在舞台和影视中进行自我描绘，最终都是为了完成两件任务：让世界倍增，以及必须解决合理呈现这一问题。所有的故事与其他形式的言论只有在它们实际上是连贯一致的时候才会是真实的。实际上，不管是写书，还是真诚待友，情况都是这样。顺便说一句，合理性并不意味着反对自由，也不等同于逻辑正确性。而与此同时，各种矛盾及违背逻辑的事情也都必须能够得以呈现并加以叙述。

我在后边这几章中一再强调，问题的关键所在就是：从不同的角度来看，世界是如此的不同。我们可以就共同的历史、视野、角度等达成共识，但这个社会却并不会因此而紧密地联系在一起。只是因为截然不同的故事都能得以讲述，这个社会才紧密地联系在一起。这也是唯一值得写一本书的原因所在：作者从他的角度出发描述了诸多场景，作者对观点的形成倍感兴趣，读者可以透过作者的视角来洞察事物。

第十章　出口：书中之书

　　本书已近尾声——是时候离开各种现场回家了。这也是我选择家中书房作为最后一幕场景来写结尾一章的原因。但就这样结束吗？或者说本书实在无用还需再添加其他内容？还要再写写作者吗？他作为叙述者已经出现过了，而且他的名字也会被印在封面上。

　　为什么还要在本书中再提本书呢？因为本章内容还是关于上一章提到的内容：在社会中对社会进行描述，以及什么人为什么这么做。因此，一本书若是没有出现在它自己的书中，就可能是最自负的书，同样，作者不描写他是如何写作的，就是最自负的作者，因为他的行为就像是说他只能以一种方式去描述事情。但是，事情总是会有所不同；因而，本书会在本书中出现也就不足为奇。

　　本书涉及角度差异，以及不同说话者如何在不同情境下表达不同的内容。坐在书桌前，敲击键盘，把这些句子输入电脑，我也营造了一种我自己都无法走出的角度，尽管我可以随心所欲地表达我的思想。本书意在表达的内容都已在本书中呈现出来。但在我这样做的时候，文本也会创造出它自身的角度，而我也是囿于其间。不属于本书的内容，即使已经包含在本书中，我也不会写到本书中去。

我坐在这里写作的方式就是社会被不断描述的写照。我们不仅要面对社会中对社会的所有可能描述，我们还总是纠缠于我们所做的描述和叙述，而且我们自身也是这些描述和叙述的内容。考虑到这些描述都要从自身角度出发讲述不同而又连贯的故事，而且还要保证合理，那么这些描述之间的差异又是如何表现出来的呢？这一问题非常有意思。

或许比实际情况还要更为合理。作者真正全程参与了本书所写的内容。起初，作者也只是这些文本的结果，可以这样理解，他整理这些文本，但同时也被这些文本所整理。创作并整理文本，不管它是这样一本书、一篇报纸或杂志文章、一则电视评论、一份公司声明、一封书信还是其他通信材料，都需要准确定位并确定论证过程。作者其实也拥有一定的权力，因为他既可以让各种人物出场，也可以让他们消失，既可以给他们安排好台词，也可以让他们一言不发。他可以随心所欲地表达自己的意图。

尽管我所有的故事都是这样发生的,但它们却并不取决于它们在本书内的实际情况,而是取决于我在写作这些故事过程中进一步的演绎。我是这些故事的创造者,尽管我也身处叙述场景且是故事的组成要素,但却并不是这些故事的唯一作者。然而随着篇幅不断增加,我也不由自主地站出来,变成自己文字的讲述者和作者,就像上帝也是他所启示的经文的创造者一样。作者明显纠缠于故事中,甚至若是不考虑写作的各种条件,他的无条件性自然也就无从考虑。

社会随着情境的变化而变化,这一点着实让人兴奋。本书最后一幕最令人激动的场景选择放在家中最不起眼的书桌上,或许也有这层考虑。在这里,经验被浓缩,该说的说,不该说的不说。我要在这张书桌上把这个世界书写下来——写作的真谛就是面对一个人也可以采用完全不同的书写方式这一事实去呈现一个连贯的故事。

写作是一种审美活动,因为它提供了一种具有指导意义的角度,描绘了一幅图像,而且还能主动应对各种形式。写作是一种有条理有组织的严密活动,同时也是一种有创造性、轻松且富有流动性的活动。有两种艺术形式融合其间:造型艺术和非造型艺术。1872年,尼采在《悲剧的诞生》中认为,这是两种互补的艺术形式。日神阿波罗和酒神狄俄尼索斯分别负责造型艺术和非造型艺术，也可以说是结构与过程。

真正让我痴迷于写作的也正是这种互动。写作是一种日神艺术，它要清晰地定位并观察记录。当然它也会描绘酒神的放纵与音乐性。我在写作时经常都要听音乐。音乐是一种时间意识体验，就像一条河流一样延绵不断。本书清楚地表明，对待具体情形中的社会实践的准确观点是：秩序只能是实际的，只能是流动的。